MISSION BEAT SCIATICA

VON MIGHTY MIND WARRIOR

© 2024 Alain Biankeu

Verlag: BoD • Books on Demand GmbH, In de Tarpen 42, 22848 Norderstedt
Druck: Libri Plureos GmbH, Friedensallee 273, 22763 Hamburg

Bei Fragen und Anregungen:

www.mightymindwarrior.ch

1. Auflage 2024

ISBN 978-3-7597-8307-3

Weitere Informationen finden sie unter
www.mightymindwarrior.ch

www.instagram.com/mightymindwarrior

INHALTSVERZEICHNIS

1.
EINLEITUNG

Ischias-Schmerzen, die meist durch eine Reizung oder Kompression des Ischiasnervs entstehen, können durch bestimmte Übungen gelindert werden. Das Ziel ist dabei häufig, die umliegenden Muskeln zu stärken und gleichzeitig die Muskulatur der unteren Rückenpartie zu dehnen, um den Druck auf den Ischiasnerv zu reduzieren. Bitte beachten Sie, dass der folgende Trainingsplan nicht auf Personen mit akuten Ischias-Schmerzen ausgelegt ist und der Rat eines Gesundheitsfachmanns eingeholt werden sollte, um sicherzustellen, dass die Übungen angebracht sind.

Dieses Buch enthält einen Trainingsplan für einen Monat: Tägliches 15-Minuten Training mit Eigengewicht gegen Ischias-Schmerzen.

Jede Trainingswoche beinhaltet Übungen zur Stärkung, Flexibilität und Entspannung, die speziell ausgewählt wurden, um die Bereiche zu unterstützen, die häufig mit Ischias-Schmerzen in Verbindung stehen. Es ist wichtig, während des gesamten Monats auf den eigenen Körper zu hören und bei Schmerz oder Beschwerden das Training anzupassen oder zu pausieren. Bedenken Sie, dass diese allgemeinen Ratschläge keinen medizinischen Rat ersetzen und bei bestehenden Schmerzen unbedingt die Meinung eines Fachmanns eingeholt werden sollte.

VIEL ERFOLG BEI IHREM TRAINING!

2.

WARM-UP, COOL-DOWN

AUFWÄRMEN

KEINE AUSREDE; AUFWÄRMEN IST PFLICHT

Um dein volles Potenzial auszuschöpfen und Verletzungen vorzubeugen, ist ein dynamisches Aufwärmprogramm von 2-5 Minuten vor jedem Workout unerlässlich. Hier sind die wichtigsten Gründe, warum du das Aufwärmen niemals auslassen solltest:

1. **Vorbereitung des Körpers**: Ein gutes Aufwärmen bereitet deinen gesamten Körper auf die bevorstehende Aktivität vor und stellt sicher, dass du optimale Leistung erbringst.

2. **Vorbereitung der Muskulatur**: Deine Muskeln bekommen die nötige Durchblutung und Flexibilität, um effektiv zu arbeiten und Verletzungen zu vermeiden.

3. **Verletzungen vermeiden**: Ein gründliches Aufwärmen minimiert das Risiko von Verletzungen wie Zerrungen und Gelenksüberlastungen.

4. **Optimierung der Leistung und Regeneration**: Dein Körper wird leistungsfähiger und regeneriert schneller, was die Effektivität deines Trainings erhöht.

5. **Erhöhung der Herzfrequenz**: Ein Anstieg der Herzfrequenz bereitet dein Herz-Kreislauf-System sanft auf die Intensität des Trainings vor.

6. **Förderung der Flexibilität**: Das Aufwärmen verbessert die Flexibilität, sodass du die Übungen besser und sicherer ausführen kannst.

Kurz gesagt: Ein effektives Aufwärmen bereitet nicht nur deinen Körper und deine Muskulatur auf das Training vor, sondern steigert auch die Effizienz deines Workouts und unterstützt deine langfristige Fitnessziele.

Bei plyometrische Übungen ist es besonders wichtig.

Die Möglichkeiten zum Aufwärmen sind schier unbegrenzt:

- **Beinheben**: Hebe deine Beine abwechselnd in die Luft, um deine Beinmuskulatur und Hüftbeuger auf das Training vorzubereiten.

- **Leichtes Joggen**: Laufe in einem moderaten Tempo, um deinen Kreislauf anzuregen und deine Beinmuskulatur aufzuwärmen.

- **Leichtes Joggen auf der Stelle**: Wenn du wenig Platz hast, ist Joggen auf der Stelle eine hervorragende Alternative.

- **Leichte Kniebeugen**: Führ' weniger intensive Kniebeugen durch, um deine Oberschenkelmuskulatur zu aktivieren und auf intensivere Belastungen vorzubereiten.

- **Seilspringen**: Eine dynamische Möglichkeit, den ganzen Körper in Bewegung zu bringen und das Herz-Kreislauf-System anzuregen.

- **Dynamisches Beinstrecken**: Flexible und kraftvolle Beinbewegungen, die vor allem die Oberschenkel- und Hüftmuskulatur ansprechen.

- **Dynamische Armstreckungen**: Streck deine Arme dynamisch aus, um deine Schultern und Arme auf das Training vorzubereiten.

- **Armkreisen**: Kreise deine Arme, um die Schultermuskulatur und Arme zu mobilisieren und zu wärmen.

- **Jumping Jacks**: Eine großartige Übung zur Anregung des Herz-Kreislauf-Systems und zur Aufwärmung der großen Muskelgruppen.

- **Ausfallschritte**: Mit diesen Schrittbewegungen aktivierst du deine Bein- und Gesäßmuskulatur.

- **Leichte Cardio-Übungen**: Einfache Herz-Kreislauf-Aktivitäten wie lockeres Laufen, Gehen oder hüpfen.

- **Dynamisches Stretching**: Bewegungsreiche Dehnübungen, die deine Flexibilität verbessern und die Muskulatur auf die bevorstehende Belastung vorbereiten.

- **Leichte Rotationsbewegungen**: Schwenke deinen Oberkörper in sanften Rotationsbewegungen, um die Wirbelsäule und den Core zu mobilisieren.

- **Lockeres Laufen**: Ein gemächlicher Lauf, um deinen Körper sanft auf das Training vorzubereiten.

- **Hüftkreisen**: Kreise deine Hüften, um die Flexibilität und Mobilität in diesem Bereich zu fördern.

- **Leichte Lockerungsübungen**: Einfache Bewegungen, um den ganzen Körper auf die wichtigste Aktivität vorzubereiten.

- **Beinschwünge**: Schwinge deine Beine vorwärts und rückwärts, um die Muskeln und Gelenke der unteren Extremitäten aufzuwärmen.

- **Schulterkreisen**: Kreise deine Schultern, um Verspannungen zu lösen und die Schultermuskulatur aufzuwärmen.

- **Körperrotationen**: Drehe den Oberkörper sanft von einer Seite zur anderen, um deine Rumpfmuskulatur zu mobilisieren.

- **Leichte Planks**: Eine modifizierte Version des Planks, um den Core zu aktivieren und zu stabilisieren.

- **Gehen auf der Stelle**: Eine einfache Methode, um mit wenig Platz den ganzen Körper in Bewegung zu bringen.

ABKÜHLEN

Jede Trainingseinheit sollte immer mit einer angemessenen Cool-down-Phase von einigen Minuten abgeschlossen werden. Diese Phase dient dazu:

- die Muskeldehnung zu fördern

- die Herzfrequenz zu stabilisieren

- das Verletzungsrisiko zu verringern

- die Regeneration zu optimieren

- die Effektivität des Trainings zu steigern

- die trainierten Muskeln zu dehnen und zu entspannen

- die Muskelregeneration zu unterstützen

- die Muskulatur auf die nächste Belastung vorzubereiten

- die Flexibilität zu verbessern

- die Erholungszeit zu verkürzen

Für eine kurze Abkühlphase eignen sich besonders gut:

- **Stretching**: Durch das Dehnen der Muskeln wird deren Flexibilität verbessert und die Durchblutung gefördert.

- **Dehnübungen**: Spezifische Übungen zur Dehnung helfen, Muskelverspannungen zu lösen und die Beweglichkeit zu erhöhen.

- **Leichtes Auslaufen**: Ein langsames Joggen oder lockeres Laufen hilft, die Herzfrequenz allmählich zu senken und die Durchblutung zu fördern.

- **Gehen**: Ein moderates Spazierengehen kann ebenfalls dabei helfen, die Herzfrequenz zu normalisieren und die Muskeln zu entspannen.

- **Yoga oder Pilates**: Sanfte Yoga- oder Pilates-Übungen unterstützen die Muskelentspannung und fördern die Flexibilität.

- **Foam Rolling (Faszientraining)**: Mithilfe einer Schaumstoffrolle können Verspannungen gelöst und die Muskeln massiert werden.

- **Atemübungen**: Bewusstes Atmen kann zur Beruhigung des Nervensystems und zur Entspannung beitragen.

- **Leichte Gymnastikübungen**: Wendige Bewegungen wie Armkreisen oder Hüftbeugen helfen, den Körper langsam herunterzufahren.

REGENERATION

Bei intensiveren Trainingseinheiten sollte ausreichend Zeit für die Regeneration eingeplant werden. Passen Sie Ihre Ruhezeiten Ihrem aktuellen Fitnessniveau an, um optimale Ergebnisse zu erzielen und sich auf die nächste Woche vorzubereiten.

Ein Ruhetag bedeutet jedoch nicht „gar nichts machen". Während völlige Inaktivität natürlich möglich ist, sind aktive Erholungsmaßnahmen, also leichte Aktivitäten, zu bevorzugen.

An Erholungstagen sollten Sie keine hochintensiven Übungen absolvieren, sondern sanfte Bewegungen praktizieren, um Ihre Muskeln zu entspannen, den Blutfluss zu fördern und die Erholung zu unterstützen.

Für die Regeneration können Sie folgende Aktivitäten durchführen:

- Atemübungen

- Leichte Mobilitätsroutinen (z.B. Mobilitätsübungen oder Mobility-Training)

- Leichtes Cardiotraining (z.B. entspanntes Laufen, leichtes Radfahren)

- Dehnungsübungen (z.B. sanftes Stretching)

- Sanftes Yoga oder Pilates

- Spaziergänge oder leichtes Walking

- Qigong

- Mentales Training oder Mindfulness Training

- Sanfte Bewegungsmeditation

- Taktische Bewegungen (z.B. Rollen, Crawls)

- Schwimmen

- Wandern

- Tiefenentspannungsübungen

HYDRATION, ERNÄHRUNG

Achten Sie darauf, ausreichend Wasser zu trinken, sich ausgewogen zu ernähren und genügend Schlaf zu bekommen, um die bestmöglichen Ergebnisse aus Ihrem Training zu erzielen. Eine gute Hydration und eine ausgewogene Ernährung sind entscheidend, um Ihre Leistungsfähigkeit und Erholung zu optimieren. Die Kombination aus ausreichend Flüssigkeitszufuhr, gesunder Ernährung und erholsamen Schlaf unterstützt Ihre körperliche Leistungsfähigkeit und hilft Ihnen, die physischen Anforderungen besser zu bewältigen.

Diese Maßnahmen sorgen dafür, dass sich Ihre Muskeln optimal erholen und stärker werden können.

Denken Sie daran:
1. Trinken Sie täglich genug Wasser.
2. Ernähren Sie sich ausgewogen.
3. Gönnen Sie sich ausreichend Schlaf.

Mehr dazu erfahren Sie in unserem Buch „Mission Nutrition".

ATMUNG

LEITFADEN FÜR OPTIMALE SAUERSTOFFVERSORGUNG UND AUSDAUER

Bedeutung der Atmung: Eine gleichmäßige und tiefe Atmung ist entscheidend, um Ihren Körper während des Trainings optimal mit Sauerstoff zu versorgen und die Ausdauerleistung zu unterstützen. Vernachlässigen Sie nicht die Atmung; eine kontrollierte Atmung fördert die Sauerstoffversorgung und die muskuläre Kontrolle.

Grundlegende Atemtechnik:

- Atmen Sie tief und gleichmäßig, um Muskulatur und Ausdauer zu unterstützen.

- Nutzen Sie einen rhythmischen Atemzyklus: Atmen Sie durch die Nase ein und durch den Mund aus.

- Behalten Sie diesen Rhythmus während der gesamten Übung bei.

Atmung in spezifischen Trainingsphasen:

- **Dehnübungen:** Atmen Sie tief und gleichmäßig, um Ihren Körper zu entspannen und die Muskeln mit Sauerstoff zu versorgen.

- **Krafttraining:** Atmen Sie ein, wenn Sie die Beine heben, und aus, wenn Sie die Hüfte anheben. Bei Oberkörperübungen atmen Sie ein beim Strecken von Arm und Bein und aus beim Zurückführen in die Ausgangsposition.

- **Intensive Übungen:** Behalten Sie auch bei hoher Intensität eine tiefe und gleichmäßige Atmung bei. Atmen Sie ein, wenn Sie abspringen, und aus, wenn Sie landen.

Synchronisierung mit Bewegung:

- **Bewegungsabhängige Atmung:** Atmen Sie ein, wenn Sie sich absenken, und aus, wenn Sie sich nach oben drücken. Dies hilft, den Blutfluss und die Sauerstoffzufuhr zu den arbeitenden Muskeln zu optimieren.

- **Seitliche Bewegungen:** Atmen Sie ein, wenn Sie in die Mitte zurückkehren, und aus, wenn Sie sich seitwärts bewegen.

Gleichmäßige Atmung unter Belastung: Auch unter Anstrengung ist es wichtig, die Atmung kontrolliert und gleichmäßig zu halten, um die maximale Sauerstoffversorgung sicherzustellen.

Praktische Übungen zur Atemtechnik:

- Vermeiden Sie unregelmäßige Atmung durch Fokus auf einen gleichmäßigen Atemrhythmus.

- Koordinieren Sie Ihre Atmung mit den Bewegungen, um die Effizienz der Übung zu steigern und die Muskeln optimal zu aktivieren.

Indem Sie diese Atemtechnik-Tipps befolgen, unterstützen Sie nicht nur Ihre körperliche Leistungsfähigkeit, sondern fördern auch Ihre mentale Widerstandsfähigkeit und Ausdauer.

3.
WOCHENSTRUKTUR

- Tag 1: Rumpfstabilität & Mobilisation
- Tag 2: Flexibilität & Stretching
- Tag 3: Hüftkräftigung & Stabilität
- Tag 4: Entspannung & Bewusste Atmung
- Tag 5: Unterkörper-Kräftigung
- Tag 6: Balance & Koordination
- Tag 7: Regeneration (sanfte Bewegungen und Dehnungen)

4.
WOCHE 1-4

Montag
Rumpfstabilität & Mobilisation:

- 3x30 Sekunden Planks (Unterarmstütz)
- 2x10 Sided Leg Raises (Seitliche Beinheber, je Seite)
- 2x10 Bridges
- 2x10 Spinal Twists (langsame Rotation, je Seite)
- 2x10 Bird Dogs (je Seite)

Dienstag
Flexibilität & Stretching:

- 3x30 Sekunden Piriformis Stretch (je Seite)
- 3x30 Sekunden Seated Hamstring Stretch (gestrecktes Bein dehnen)
- 3x30 Sekunden Knee-to-Chest Stretch (je Seite)
- 3x30 Sekunden Cat-Cow Stretch (im Vierfüsslerstand)
- 3x30 Sekunden Child's Pose (Kindhaltung zur Entspannung)

Mittwoch
Hüftkräftigung & Stabilität:

- 3x12 Glute Bridges
- 2x10 Standing Fire Hydrants (je Seite)
- 2x12 Donkey Kicks (je Seite)
- 2x10 Seitenplanken mit Hüftabduktion (je Seite)

Donnerstag
Entspannung & Bewusste Atmung:

- Praktizieren Sie tiefes Bauchatmen, um die Entspannung des unteren Rückens zu fördern (5 Minuten)
- 3x30 Sekunden Cobra Stretch
- 3x30 Sekunden Lower Back Stretch in Rückenlage
- 3x30 Sekunden Adductor Stretch
- 5 Minuten geführte Entspannungsmeditation oder sanfte Yoga-Übungen

Freitag
Unterkörper-Kräftigung:

- 2x15 Squats (Halbe Tiefe oder Wand-Squats)

- 2x10 Lunges (je Seite)
- 2x12 Straight Leg Raises (in Rückenlage, für die Oberschenkelrückseiten)
- 2x10 Calf Raises (Wadenheben, je Seite)

Samstag
Balance & Koordination:

- 2x10 Single Leg Romanian Deadlifts (je Bein)
- 2x30 Sekunden Einbeinstand (je Seite)
- 2x10 Gentle Yoga Sun Salutations (Sanfte Ausführung)
- 2x10 Side Planks with a Twist (je Seite)

Sonntag
Regeneration:

- 15 Minuten sanftes Spazierengehen oder Lockeres Radfahren
- 3x30 Sekunden Quadriceps Stretch (je Seite)
- 2x10 Gentle Spinal Twists (liegend, je Seite)
- 10 Minuten geführte Tiefenentspannungsübungen oder sanftes Yoga

5
ERLÄUTERUNGEN ZU DEN EINZELNEN ÜBUNGEN

ADDUCTOR STRETCH

EFFEKTIVE ÜBUNG FÜR DIE INNENSCHENKELMUSKULATUR

Der Butterfly Stretch, auch bekannt als Adductor Stretch, ist eine einfache und effektive Dehnübung, die die Flexibilität der Adduktoren (Innenschenkelmuskulatur) erhöht. Diese Übung ist ideal, um die Beweglichkeit der Hüften zu verbessern und Verspannungen zu lösen. Der Butterfly Stretch ist eine wertvolle Ergänzung zu jedem Dehn- oder Aufwärmprogramm.

1. Ausgangsposition:
   - Setzen Sie sich auf den Boden und ziehen Sie Ihre Füße zusammen, sodass die Fußsohlen sich berühren.
   - Lassen Sie Ihre Knie zur Seite fallen und ziehen Sie die Füße so nah wie möglich in Richtung Ihres Beckens heran.

2. Haltung der Füße:
   - Greifen Sie Ihre Füße oder Knöchel mit beiden Händen und halten Sie sie zusammen.
   - Achten Sie darauf, dass Ihr Rücken gerade ist und vermeiden Sie es, sich nach vorne zu beugen oder einen Rundrücken zu machen.

3. Dehnung der Adduktoren:
   - Drücken Sie sanft mit Ihren Ellbogen auf die Innenseiten Ihrer Knie, um die Dehnung in den Oberschenkeln zu verstärken.
   - Spüren Sie, wie sich die Adduktorenmuskulatur dehnt, und halten Sie die Position.

4. Position halten:
   - Halten Sie die Dehnposition für 20-30 Sekunden. Versuchen Sie, bei jeder Ausatmung die Muskulatur weiter zu entspannen und die Dehnung zu vertiefen.

5. Rückkehr zur Ausgangsposition:
   - Lassen Sie Ihre Knie langsam und kontrolliert los und führen Sie sie wieder zusammen.

- Wiederholen Sie die Übung je nach Bedarf 2-3 Mal, um die Flexibilität und Entspannung der Muskulatur zu maximieren.

Tipps für die korrekte Ausführung:

- **Gerade Rücken:** Halten Sie während der gesamten Übung Ihren Rücken gerade und vermeiden Sie es, sich nach vorne zu beugen oder einen Rundrücken zu machen.

- **Sanfter Druck:** Üben Sie nur sanften Druck auf die Knie aus, um die Dehnung zu verstärken. Vermeiden Sie es, die Knie gewaltsam nach unten zu drücken.

- **Flexibilität anpassen:** Passen Sie die Position der Füße an Ihre Flexibilität an. Wenn Sie weniger flexibel sind, können Sie die Füße weiter weg vom Becken platzieren.

Häufige Fehler vermeiden:

- **Überdehnung:** Vermeiden Sie es, zu stark auf die Knie zu drücken, da dies zu Verletzungen führen kann. Die Dehnung sollte intensiv, aber angenehm sein.

- **Rundrücken:** Achten Sie darauf, dass Ihr Rücken während der Übung gerade bleibt. Ein Rundrücken kann die Wirbelsäule belasten und die Dehnung vermindern.

- **Unkontrollierte Bewegungen:** Führen Sie alle Bewegungen langsam und kontrolliert aus, um die Muskulatur optimal zu dehnen und Verletzungen zu vermeiden.

Variationen:

1. **Dynamischer Butterfly Stretch:**
   Führen Sie leichte, federnde Bewegungen mit den Knien nach oben und unten aus, anstatt in der statischen

Dehnposition zu bleiben. Diese Variation fördert die Durchblutung und die Beweglichkeit der Hüften.

2. **Liegender Butterfly Stretch:**
Legen Sie sich auf den Rücken, beugen Sie die Knie und ziehen Sie die Füße zusammen, sodass die Fußsohlen sich berühren. Lassen Sie die Knie zur Seite fallen und entspannen Sie sich in dieser Position. Diese Variante eignet sich gut, um den unteren Rücken zu entlasten.

3. **Widerstandsband-Butterfly-Stretch:**
Verwenden Sie ein Widerstandsband, um die Dehnung zu intensivieren. Wickeln Sie das Band um Ihre Füße und halten Sie die Enden mit den Händen. Ziehen Sie sanft das Band, während Sie die Knie nach unten drücken, um eine stärkere Dehnung zu erzeugen.

4. **Partner-Butterfly-Stretch:**
Lassen Sie sich von einem Partner unterstützen, der sanft auf Ihre Knie drückt, während Sie die Dehnposition halten. Dies ermöglicht eine tiefere Dehnung und hilft, die Muskulatur weiter zu entspannen.

Der Butterfly Stretch (Adductor Stretch) ist eine einfache, aber äußerst effektive Dehnübung, die die Flexibilität und Mobilität der Adduktorenmuskulatur verbessert. Durch die regelmäßige Integration dieser Übung in Ihr Fitnessprogramm oder Ihren Alltag können Sie Muskelverspannungen reduzieren, die Beweglichkeit der Hüften erhöhen und die Regeneration nach körperlicher Aktivität fördern. Achten Sie stets auf eine korrekte Ausführung, um maximale Ergebnisse zu erzielen und Verletzungen zu vermeiden. Der Butterfly Stretch bietet eine wertvolle Ergänzung zu Ihrem Repertoire an Dehnübungen und unterstützt Sie dabei, Ihre körperlichen Ziele zu erreichen.

BALANCE YOGA

YOGA-ÜBUNGEN ZUR VERBESSERUNG DES GLEICHGEWICHTS

Yoga-Übungen, die Gleichgewicht und Balance trainieren, sind nicht nur hervorragend für die körperliche Stabilität und Koordination, sondern fördern auch die mentale Konzentration und Ausgeglichenheit. Balance-Übungen können Ihre Training erheblich bereichern. Dieses Kapitel konzentriert sich auf die richtige Ausführung diverser Yoga-Übungen, die speziell auf die Verbesserung des Gleichgewichts abzielen.

BALANCING TABLE POSE (PHALAKASANA)

1. Ausgangsposition:

   - Beginnen Sie in der Tabletop-Position (Vierfüßlerstand), wobei Ihre Hände direkt unter Ihren Schultern und Ihre Knie unter Ihren Hüften positioniert sind.

   - Ihre Finger sind gespreizt und die Zehen ruhen auf dem Boden. Halten Sie Ihren Rücken gerade und den Blick nach unten gerichtet, um die Wirbelsäule neutral zu halten.

2. Vorbereitung:
Spannen Sie Ihren Core an, indem Sie die Bauchmuskeln leicht nach innen ziehen. Dies hilft, die Wirbelsäule zu stabilisieren.

3. Abheben:
Heben Sie Ihren rechten Arm nach vorne und Ihr linkes Bein nach hinten, sodass beide Gliedmaßen parallel zum Boden sind. Achten Sie darauf, dass Ihr Blick weiterhin nach unten gerichtet ist, um die Halswirbelsäule in einer neutralen Position zu halten.

4. Balance halten:
   - Halten Sie die Position für einige Atemzüge. Achten Sie darauf, dass Ihr Rücken gerade bleibt und das angehobene Bein sowie der Arm gestreckt sind.
   - Aktivieren Sie Ihre Bauch- und Rückenmuskulatur, um die Balance zu halten.

5. Rückkehr in die Ausgangsposition:
   - Senken Sie den rechten Arm und das linke Bein kontrolliert zurück in die Tabletop-Position.
   - Wiederholen Sie die Übung mit dem linken Arm und dem rechten Bein.

Tipp: Halten Sie den Core während der gesamten Übung angespannt, um die Stabilität zu gewährleisten.

TREE POSE - EINBEINSTAND (VRKSASANA)

1. Ausgangsposition:
   Stehen Sie aufrecht in der Tadasana (Berghaltung), mit den Füßen zusammen und den Armen an den Seiten.

2. Vorbereitung:
   Verlagern Sie Ihr Gewicht auf den linken Fuß. Beugen Sie das rechte Knie und führen Sie die rechte Fußsohle gegen die Innenseite des linken Oberschenkels oder der Wade. Vermeiden Sie es, den Fuß gegen das Knie zu pressen.

3. Armposition:
   Bringen Sie Ihre Hände vor der Brust in die Gebetshaltung (Anjali Mudra) oder strecken Sie sie über den Kopf hinaus.

4. Balance halten:
   Halten Sie den Blick auf einen festen Punkt vor Ihnen gerichtet, um die Balance zu unterstützen. Spannen Sie den Core an und bleiben Sie für einige tiefe Atemzüge in der Position.

5. Rückkehr in die Ausgangsposition:
   Senken Sie das rechte Bein und kehren Sie in die Tadasana zurück. Wiederholen Sie die Übung auf der anderen Seite.

WARRIOR III (VIRABHADRASANA III)

1. Ausgangsposition:
   Beginnen Sie in der Tadasana (Berghaltung).

2. Vorbereitung:
   Verlagern Sie Ihr Gewicht auf den linken Fuß. Heben Sie das rechte Bein nach hinten und beugen Sie den Oberkörper nach vorne, bis Ihr Körper eine Linie bildet. Ihre Arme können nach vorne ausgestreckt oder an den Seiten des Körpers gehalten werden.

3. Balance halten:
   Halten Sie die Hüften parallel zum Boden und aktivieren Sie den Core, um die Balance zu unterstützen. Halten Sie die Position für einige tiefe Atemzüge.

4. Rückkehr in die Ausgangsposition:
   Senken Sie das rechte Bein und kehren Sie in die Tadasana zurück. Wiederholen Sie die Übung auf der anderen Seite.

EAGLE POSE (GARUDASANA)

1. Ausgangsposition:
   Stehen Sie in der Tadasana (Berghaltung).

2. Vorbereitung:

   • Beugen Sie Ihre Knie leicht. Heben Sie das rechte Bein und wickeln Sie es um das linke, sodass der rechte Fuß hinter der linken Wade einklemmt.

   • Bringen Sie die Arme nach vorne und wickeln Sie den rechten Arm unter den linken, sodass sich die Handflächen berühren.

3. Balance halten:
   Halten Sie den Blick nach vorne gerichtet und den Core angespannt. Bleiben Sie für einige tiefe Atemzüge in der Position.

4. Rückkehr in die Ausgangsposition:
   Entwirren Sie die Arme und Beine und kehren Sie in die Tadasana zurück. Wiederholen Sie die Übung auf der anderen Seite.

   Fazit: Yoga-Übungen zur Verbesserung des Gleichgewichts fördern nicht nur die körperliche Stabilität und Koordination, sondern auch die mentale Konzentration und

Ausgeglichenheit. Durch die Integration von Posen wie der Balancing Table Pose, Tree Pose, Warrior III und Eagle Pose in Ihr Trainingsprogramm können Sie Ihre Balance und Ihre Yoga-Praxis erheblich bereichern. Diese Balance-Übungen bieten eine wertvolle Ergänzung zu Ihrem Trainings-Programm und helfen Ihnen, Ihre körperlichen und geistigen Ziele zu erreichen.

NAMASTE!

BIRD DOGS

STABILISIERENDE ÜBUNG FÜR RUMPF UND RÜCKEN

Bird Dogs sind eine hervorragende Übung zur Stärkung und Stabilisierung der Kernmuskulatur, einschliesslich der Rückenextensoren, der Bauchmuskeln und der Muskeln, die das Becken umgeben. Zusätzlich verbessert diese Übung das Gleichgewicht, die Koordination und fördert die funktionale Fitness. Durch die simultane Arbeit von Armen und Beinen sowie die Haltephasen wird zudem die Körperspannung geschult.

Anleitung zur korrekten Ausführung:

- Ausgangsposition: Beginnen Sie im Vierfüsslerstand mit Ihren Knien direkt unter Ihren Hüften und Ihren Handflächen direkt unter Ihren Schultern. Halten Sie Ihren Rücken in einer neutralen Position, ohne dass er durchhängt oder übermässig rund ist. Kopf und Nacken bilden eine Verlängerung der Wirbelsäule.

- Bewegungsausführung: Atmen Sie aus und heben Sie gleichzeitig das rechte Bein und den linken Arm an, bis beide ungefähr in umgekehrter V-Form ausgerichtet sind. Ihr gehobenes Bein sollte ausgestreckt sein und Ihr Arm in einer Linie mit Ihrem Ohr. Achten Sie darauf, Ihren Rücken während der Bewegung so ruhig und stabil wie möglich zu halten.

- Halteposition: Halten Sie die Position kurz (etwa ein bis zwei Sekunden) und konzentrieren Sie sich dabei auf die Stabilisierung Ihres Rumpfes. Ihr Blick ist nach unten gerichtet, um eine neutrale Nackenposition zu gewährleisten.

- Rückkehr zur Ausgangsposition: Senken Sie Ihren Arm und Ihr Bein langsam und kontrolliert zurück in die Ausgangsposition, ohne dass Ihre Knie oder Hände die Position verlassen.

- Seitenwechsel: Wiederholen Sie die Übung mit dem linken Bein und dem rechten Arm.

Wichtiges zur Ausführung:

- Vermeiden Sie, dass das Becken während der Übung kippt oder rotiert, um die Wirbelsäule zu schonen.

- Konzentrieren Sie sich auf die Länge des Körpers, nicht auf die Höhe, um Überstreckungen zu vermeiden.

- Achten Sie darauf, dass Ihre Atmung gleichmässig bleibt; vermeiden Sie das Anhalten des Atems.

- Führen Sie Bird Dogs langsam und mit bewusster Muskelkontrolle aus, statt Geschwindigkeit und Menge der Wiederholungen zu fokussieren.

- Achten Sie auf eine gleichmässige Gewichtsverteilung auf die verbleibenden drei Stützpunkte (eine Hand, das gegenüberliegende Knie) während der gesamten Übung.

Häufige Fehler:

- Das Heben des Armes oder Beines zu hoch, was zu einer Überstreckung des unteren Rückens führt.

- Die Hüfte des gestreckten Beines kippt und rotiert, wodurch der Rumpf destabilisiert wird.

- Zu schnelle Bewegungen, die die Kontrolle über die Ausführung vermindern und die Effektivität der Übung einschränken.

- Unregelmässige Atmung oder das Anhalten des Atems, was zu mangelnder Muskelkontrolle führen kann.

- Mangelnde Konzentration auf die Rumpfstabilität.

Bird Dogs eignen sich hervorragend als Teil des Aufwärmprogramms vor dem Training, als gezielte Rückenstärkung oder als Übung in einer Kernmuskel-Routine. Regelmässiges Praktizieren der Bird Dogs kann die Rumpfstabilität verbessern, Haltungsschwächen vorbeugen und die allgemeine Funktionalität und Balance des Körpers verbessern.

FÜR EINE STÄRKERE RÜCKENMUSKULATUR UND VERBESSERTE FLEXIBILITÄT

Die Full Bridge, auch bekannt als Back Bridge, ist eine herausfordernde Übung, die sich auf die Stärkung der Rückenmuskulatur und die Verbesserung der Körperflexibilität konzentriert. Diese Übung, die oft in Yoga und gymnastischen Routinen vorkommt, erfordert sowohl Kraft als auch Beweglichkeit und fördert eine starke, stabile Wirbelsäulenstruktur.

Vorteile der Full Bridge:

- Stärkung der Rückenmuskulatur, einschließlich des unteren Rückens, der Schultern und der Arme

- Verbesserung der Flexibilität und Mobilität der Wirbelsäule und der Hüften

- Förderung von Körperbalance und -kontrolle

- Erweiterung der Brustkorböffnung und Dehnung der Bauchmuskeln

- Verbesserung der Körperhaltung

- Erhöhung der funktionellen Beweglichkeit

Anleitung zur korrekten Ausführung der Full Bridge:

1. Startposition:

   - Legen Sie sich flach auf den Rücken auf einer Gymnastikmatte. Ihre Beine sind angewinkelt, und die Füße etwa hüftbreit auseinander, flach auf dem Boden positioniert.

   - Platzieren Sie Ihre Hände neben den Ohren, mit den Handflächen flach auf dem Boden und den Fingern in Richtung der Schultern zeigend.

2. Vorbereitung:

   - Zunächst spannen Sie Ihre Bauch- und Gesäßmuskeln leicht an, um eine stabile Basis zu schaffen und den unteren Rücken zu schützen.

3. Anheben des Körpers:

   - Drücken Sie Ihre Hände und Füße gleichzeitig in den Boden und heben Sie Ihre Hüften, unteren Rücken und schließlich Ihren oberen Rücken vom Boden ab.

   - Ihre Körpergewicht sollte gleichmäßig auf Ihre Hände und Füße verteilt sein. Bilden Sie eine Bogenform mit Ihrem Körper, wobei Ihr Bauch zur Decke zeigt.

- Strecken Sie Ihre Arme vollständig durch und heben Sie Ihre Brust hoch, um eine tiefe Rückbeuge zu erreichen.

4. Halteposition:

- Halten Sie diese Position für einige Atemzüge (10-30 Sekunden).

- Konzentrieren Sie sich darauf, die Bauchmuskeln und Gesäßmuskeln aktiv angespannt zu lassen, um die Wirbelsäule zu schützen und zusätzliche Stabilität zu gewährleisten.

5. Rückkehr zur Ausgangsposition:

- Senken Sie Ihren Körper langsam und kontrolliert ab, indem Sie zuerst Ihre oberen Rücken, dann Ihren unteren Rücken und schließlich Ihre Hüften wieder auf den Boden bringen.

- Legen Sie sich flach auf den Rücken und entspannen Sie für einige Sekunden, um den Spannungsausgleich zu ermöglichen.

Wichtige Aspekte der korrekten Ausführung:

- **Körperhaltung:** Achten Sie darauf, dass Sie eine gleichmäßige Bogenform mit Ihrem Körper bilden und keinen Bereich überdehnen oder vernachlässigen.

- **Rumpfspannung:** Halten Sie die Bauch- und Gesäßmuskeln aktiv angespannt, um die Wirbelsäule zu schützen und zusätzliche Stabilität zu gewährleisten.

- **Schultern:** Ziehen Sie die Schultern nicht zu den Ohren, sondern halten Sie sie nach hinten und unten, um Spannung und Fehlbelastungen zu vermeiden.

Trainingstipps:

- **Progression:** Wenn Sie die Full Bridge noch nicht komplett ausführen können, beginnen Sie mit vorbereitenden Übungen wie der Glute Bridge oder der halben Brücke, um Ihre Kraft und Flexibilität schrittweise zu verbessern.

- **Variation:** Versuchen Sie, die Full Bridge mit erhobenen Beinen oder auf einer erhöhten Oberfläche durchzuführen, um die Intensität zu erhöhen und Ihre Stabilität weiter zu fordern.

- **Kombination:** Integrieren Sie die Full Bridge in Ihr Core- und Rücken-Workout, das auch Übungen wie den Plank, Superman und Rückenstrecker umfasst, um eine vollständige Muskelkräftigung zu erreichen.

Häufige Fehler und wie man sie vermeidet:

- **Durchhängen des unteren Rückens:** Achten Sie darauf, dass Ihr Bauch und die Gesäßmuskeln angespannt sind, um den unteren Rücken zu schützen und eine gleichmäßige Bogenform zu gewährleisten.

- **Schultern anheben:** Vermeiden Sie es, die Schultern zu den Ohren zu ziehen. Halten Sie sie nach hinten und unten, um Spannung und Fehlbelastungen zu vermeiden.

- **Kopffehlhaltung:** Achten Sie darauf, dass Ihr Kopf in einer neutralen Position bleibt und nicht nach hinten gekippt wird.

- **Schnelles Heben und Senken:** Führen Sie jede Bewegung langsam und kontrolliert aus, um die Muskelspannung und die Kontrolle zu maximieren.

Fazit: Die Full Bridge ist eine anspruchsvolle und wirksame Übung zur Stärkung der Rückenmuskulatur und Verbesserung der Flexibilität und Körperhaltung. Diese

Übung erfordert sowohl Kraft als auch Beweglichkeit und fördert eine starke, stabile Wirbelsäulenstruktur. Integrieren Sie die Full Bridge regelmäßig in Ihr Trainingsprogramm und kombinieren Sie sie mit anderen Core- und Rückenübungen, um eine stark ausgeprägte und funktionale Muskulatur aufzubauen. Mit konsequenter Übung und Disziplin werden Sie schnell Fortschritte in Ihrer Rückenstärke, Flexibilität und Körperkontrolle bemerken und Ihre Fitnessziele effizient erreichen.

CALF RAISES

EFFEKTIVE ÜBUNG ZUR STÄRKUNG DER WADENMUSKULATUR

Calf Raises, auch als Wadenheben bekannt, sind eine fundamentale Übung, die primär auf die Wadenmuskulatur abzielt und deren Kraft und Definition verbessert. Diese Übung ist einfach und erfordert keine spezielle Ausrüstung, was sie zu einer idealen Ergänzung für jedes Fitnessprogramm macht. Calf Raises können dabei helfen, die Stabilität der Knöchel zu verbessern, die Laufleistung zu steigern und die Gefahr von Verletzungen zu reduzieren.

Vorteile von Calf Raises:

- Verbesserung der Kraft und Definition der Waden

- Steigerung der Stabilität der Knöchel und Beine

- Unterstützung der Laufleistung und Sprungkraft

- Erhöhung der Durchblutung in den Beinen

Anleitung zur korrekten Ausführung von Calf Raises:

1. Startposition:

   - Stellen Sie sich aufrecht hin, die Füße etwa hüftbreit auseinander. Wenn Sie Balanceprobleme haben, können Sie sich leicht an einer Wand, einem Stuhl oder einer anderen stabilen Oberfläche festhalten.

   - Verteilen Sie das Gewicht gleichmäßig auf beide Füße und halten Sie den Rücken gerade.

2. Bewegungsbeginn:

   - Heben Sie langsam und kontrolliert die Fersen vom Boden ab, sodass Sie auf den Ballen Ihrer Füße stehen. Konzentrieren Sie sich darauf, die Wadenmuskeln aktiv zu spannen.

   - Halten Sie die Oberkörperspannung, vermeiden Sie es, sich nach vorne oder hinten zu lehnen.

3. Spitzposition:

   - Sobald Sie die höchste Position erreicht haben, halten Sie diese für 1-2 Sekunden, um die Wadenmuskeln maximal anzuspannen.

   - Achten Sie darauf, dass Ihre Beine gestreckt, aber nicht ganz durchgestreckt sind, um eine Überdehnung zu vermeiden.

4. Rückführungsbewegung:

- Senken Sie die Fersen langsam und kontrolliert zum Boden zurück. Achten Sie darauf, die Bewegung gleichmäßig und ohne Schwung auszuführen, um die Muskeln kontinuierlich zu beanspruchen.

- Stellen Sie sicher, dass die Fersen nicht abrupt auf den Boden aufprallen, um die Gelenke zu schonen.

5. Wiederholungen:

- Wiederholen Sie die Bewegung für die gewünschte Anzahl an Wiederholungen. Anfänger können mit 10-15 Wiederholungen beginnen und diese allmählich steigern, während Fortgeschrittene 20-30 Wiederholungen anstreben können.

Variationen von Calf Raises:

- **Einbeinige Calf Raises:**
  Steigen Sie auf ein Bein und führen Sie die gleiche Bewegungssequenz durch. Dies erhöht die Intensität und fördert das Gleichgewicht und die Stabilität.

- **Calf Raises mit Gewichten:**
  Halten Sie Hanteln in den Händen oder verwenden Sie eine Langhantel, um den Widerstand zu erhöhen und die Übung anspruchsvoller zu gestalten.

- **Erhöhte Calf Raises:**
  Verwenden Sie eine Erhöhung wie eine Stufe oder ein dickes Buch, um die Fersen tiefer als die Zehen zu senken und eine größere Bewegungsamplitude zu erreichen.

Trainingstipps für Calf Raises:

- **Progression:**
  Steigern Sie allmählich die Zahl der Wiederholungen und Sätze, um kontinuierlich Fortschritte zu erzielen.

- **Stretching:**
  Dehnen Sie nach dem Training die Wadenmuskulatur, um die Flexibilität zu erhalten und Muskelverspannungen vorzubeugen.

- **Kombination:**
  Integrieren Sie Calf Raises in Ihr Bein- oder Ganzkörpertraining, um eine ausgewogene Muskulaturentwicklung zu fördern.

- **Regelmäßigkeit:**
  Trainieren Sie die Waden regelmäßig, mindestens 2-3 Mal pro Woche, um nachhaltige Ergebnisse zu erzielen.

Häufige Fehler und wie man sie vermeidet:

- **Schwung verwenden:**
  Achten Sie darauf, die Bewegung kontrolliert und ohne Schwung auszuführen, um die Muskeln effektiv zu beanspruchen.

- **Auf den Zehen landen:**
  Vermeiden Sie es, nur auf den Zehenspitzen zu stehen. Fokus sollte auf den Fußballen liegen, um die Balance zu halten und die Muskeln richtig zu trainieren.

- **Überdehnen der Knie:**
  Halten Sie die Beine gestreckt, aber vermeiden Sie eine vollständige Überdehnung der Knie.

- **Körperspannung:**
  Lassen Sie den Oberkörper nicht nach vorne oder hinten kippen. Halten Sie den Rumpf stabil und die Schultern entspannt.

Fazit: Calf Raises sind eine einfache, aber äußerst effektive Übung zur Stärkung der Wadenmuskulatur und zur Verbesserung der Bein- und Knöchelstabilität. Durch die regelmäßige Integration dieser Übung in Ihr Trainingsprogramm können Sie die Leistung Ihrer unteren Extremitäten erheblich steigern. Achten Sie stets auf eine korrekte Ausführung und variieren Sie die Übung, um kontinuierliche Fortschritte zu erzielen und Ihre Muskeln bestmöglich zu fordern.

DONKEY KICKS

STÄRKUNG VON GESÄß UND HÜFTEN

Donkey Kicks, auch als Eseltritte bekannt, sind eine hervorragende Übung, um die Gesäßmuskulatur (Gluteus maximus) und die Hüftmuskulatur zu stärken. Diese Übung ist besonders effektiv zur Verbesserung der Kraft und Stabilität im unteren Körperbereich. Donkey Kicks können problemlos zu Hause oder im Fitnessstudio durchgeführt werden und eignen sich für alle Fitnessstufen.

Schritt-für-Schritt-Anleitung für Donkey Kicks:

1. Ausgangsposition:

   - Beginnen Sie auf allen Vieren auf einer Trainingsmatte. Ihre Hände sollten direkt unter den Schultern und Ihre Knie direkt unter den Hüften positioniert sein.

   - Halten Sie Ihren Rücken gerade und Ihren Kopf in einer neutralen Position, der Blick ist auf den Boden gerichtet.

2. Core aktivieren:

   - Spannen Sie Ihre Bauchmuskeln an, um den Rücken stabil und gerade zu halten.

   - Vermeiden Sie ein Durchhängen des Rückens oder ein Hohlkreuz.

3. Bein heben:

   - Heben Sie Ihr rechtes Bein langsam und kontrolliert an, wobei Sie das Knie im 90-Grad-Winkel beugen und die Fußsohle zur Decke zeigen.

   - Achten Sie darauf, Ihr Becken stabil und parallel zum Boden zu halten.

4. Obersten Punkt erreichen:

   - Führen Sie das Bein so weit an, wie es möglich ist, ohne den unteren Rücken zu bewegen oder das Becken zu kippen. Das Ziel ist, die Gesäßmuskulatur maximal zu kontrahieren.

   - Halten Sie diese Position kurz, um die Muskelkontraktion zu intensivieren.

5. Zurück in die Ausgangsposition:

- Senken Sie das Bein kontrolliert zurück in die Ausgangsposition, wobei das Knie den Boden nicht berühren sollte.

- Wiederholen Sie die Bewegung für die gewünschte Anzahl an Wiederholungen, bevor Sie zum anderen Bein wechseln.

6. Wiederholungen und Sets:

- Führen Sie 12-15 Wiederholungen pro Bein in 3-4 Sätzen durch. Anpassungen können abhängig von Ihrem Fitnesslevel und Ihren Zielen vorgenommen werden.

Tipps für die korrekte Ausführung:

- **Körperspannung:** Halten Sie den Core während der gesamten Übung angespannt, um eine stabile Haltung zu bewahren.

- **Gleichmäßige Bewegung:** Führen Sie die Bewegungen langsam und kontrolliert durch, um die Muskelaktivierung zu maximieren.

- **Beckenstabilität:** Achten Sie darauf, dass Ihr Becken während der gesamten Bewegung stabil bleibt und nicht zur Seite kippt.

Häufige Fehler vermeiden:

- **Durchhängen des Rückens:** Ein häufiges Problem ist das Durchhängen oder Überbeugen des Rückens. Achten Sie darauf, Ihren Rücken gerade zu halten und vermeiden Sie ein Durchhängen.

- **Beckenkippen:** Vermeiden Sie es, das Becken zur Seite zu kippen. Halten Sie das Becken stabil, um die Übung effektiver zu gestalten und die richtige Muskeln zu trainieren.

- **Schwung:** Führen Sie die Bewegung nicht mit Schwung aus, sondern kontrolliert, um die Muskelaktivierung zu maximieren und Belastungen auf die Gelenke zu minimieren.

- **Fußhaltung:** Die Fußsohle sollte zur Decke zeigen und nicht zur Seite gedreht werden, um die Gesäßmuskulatur optimal zu beanspruchen.

Variationen der Donkey Kicks:

- **Knie durchstrecken:**
  Strecken Sie das angehobene Bein durch, anstatt es im 90-Grad-Winkel zu halten. Dies variiert die Belastung auf die Hüftmuskulatur.

- **Widerstandsbänder:**
  Verwenden Sie ein Widerstandsband um Ihre Oberschenkel, um die Intensität der Übung zu erhöhen.

- **Gegengewicht:**
  Platzieren Sie ein leichtes Gewicht oder eine Hantel hinter Ihr Knie, um die Übung anspruchsvoller zu gestalten.

Trainingseinheiten:

- **Circuit-Training:**
  Integrieren Sie Donkey Kicks in ein Zirkeltraining, indem Sie sie mit anderen Übungen wie Kniebeugen, Ausfallschritten und Planks kombinieren.

- **Supersätze:**
  Kombinieren Sie Donkey Kicks mit einer Oberkörperübung wie Liegestützen oder Schulterdrücken, um ein Ganzkörper-Workout zu erstellen.

   Fazit: Donkey Kicks sind eine einfache, aber äußerst effektive Übung zur Stärkung der Gesäß- und Hüftmuskulatur.

Durch die regelmäßige Integration dieser Übung in Ihr Trainingsprogramm können Sie die Kraft und Stabilität im unteren Körperbereich erheblich verbessern. Donkey Kicks bieten eine wertvolle Ergänzung zu Ihrem Fitnessprogramm und helfen Ihnen, Ihre Kraftziele zu erreichen.

GENTLE SPINAL TWISTS

EINE SANFTE ÜBUNG FÜR DIE RÜCKENMOBILITÄT

Gentle Spinal Twists, auf Deutsch „sanfte Wirbelsäulen-Drehungen", sind eine ausgezeichnete Übung, um die Flexibilität und Mobilität des unteren Rückens und der Wirbelsäule zu verbessern. Diese Übung kann helfen, Verspannungen zu lösen und die Durchblutung im Rückenbereich zu fördern. Gentle Spinal Twists eignen sich perfekt als Teil eines Aufwärmprogramms, zur Entspannung nach einem langen Tag oder als ergänzende Maßnahme in einem Rehabilitationsprogramm.

Schritt-für-Schritt-Anleitung zur Ausführung von Gentle Spinal Twists:

1. Ausgangsposition:

- Legen Sie sich flach auf den Rücken auf eine Trainingsmatte oder eine weiche Unterlage.

- Strecken Sie die Beine aus und legen Sie die Arme seitlich aus, sodass Ihr Körper eine T-Form bildet. Ihre Handflächen sollten nach unten zeigen, um Stabilität zu bieten.

2. Knie anziehen:

- Beugen Sie Ihre Knie und ziehen Sie sie langsam zur Brust, sodass Ihre Füße flach auf dem Boden stehen.

- Spannen Sie Ihre Bauchmuskeln leicht an, um den unteren Rücken auf dem Boden zu halten.

3. Drehbewegung einleiten:

- Lassen Sie Ihre Knie zusammenbleiben und senken Sie sie langsam auf die rechte Seite Ihres Körpers. Lassen Sie die Knie so weit wie möglich Richtung Boden sinken, ohne Schmerzen oder Unbehagen zu spüren.

- Drehen Sie Ihren Kopf sanft nach links, während Ihre Beine nach rechts fallen, um die Dehnung zu intensivieren.

- Halten Sie Ihre Schultern fest am Boden und lassen Sie die Dehnung im unteren Rücken und in den Hüften wirken.

4. Position halten:
Halten Sie diese Position für 20-30 Sekunden.

5. Rückkehr zur Ausgangsposition:
Führen Sie Ihre Knie langsam zurück zur Mitte und kehren Sie in die Ausgangsposition mit angewinkelten Knien und flach auf dem Boden liegenden Füßen zurück.

6. Wiederholung auf der anderen Seite:

- Wiederholen Sie die Drehbewegung, indem Sie Ihre Knie auf die linke Seite Ihres Körpers absenken und den Kopf sanft nach rechts drehen.

- Halten Sie auch diese Position für 20-30 Sekunden.

7. Wiederholungen:
Führen Sie diese sanften Drehungen 3-5 Mal pro Seite durch, je nach Bedarf und Komfort.

Tipps für die korrekte Ausführung:

- **Kontrollierte Bewegungen:** Achten Sie darauf, die Bewegungen langsam und kontrolliert auszuführen, um die Muskulatur optimal zu dehnen und das Risiko einer Überdehnung zu minimieren.

- **Schulterposition:** Halten Sie die Schultern flach am Boden, um eine korrekte Dehnung des unteren Rückens und der Hüften zu gewährleisten.

- **Körperspannung:** Spannen Sie die Bauchmuskeln leicht an, um den unteren Rücken während der Übung zu stabilisieren.

Häufige Fehler vermeiden:

- **Zu schnelle Bewegungen:** Vermeiden Sie ruckartige oder schnelle Bewegungen. Eine langsame und kontrollierte Ausführung ist entscheidend, um die Wirbelsäule nicht zu belasten.

- **Überdehnung:** Achten Sie darauf, keine Schmerzen zu verursachen. Die Dehnung sollte angenehm sein und keine unangenehmen Gefühle hervorrufen.

- **Schultern anheben:** Lassen Sie die Schultern während der Drehbewegung nicht vom Boden abheben, da dies die Dehnung im unteren Rücken verringert.

Varianten von Gentle Spinal Twists:

1. **Unterstützte Spinal Twists:** Platzieren Sie ein Kissen oder eine zusammengefaltete Decke unter Ihren Knien, um den Bewegungsumfang zu vermindern und die Dehnung zu mildern, falls nötig.

2. **Einbeinige Spinal Twists:** Ziehen Sie nur ein Knie zur Brust und lassen Sie das andere Bein ausgestreckt auf dem Boden liegen, während Sie die Drehbewegung ausführen. Dies verringert die Intensität der Übung und eignet sich gut für Anfänger.

3. **Sitzende Spinal Twists:** Setzen Sie sich mit ausgestreckten Beinen auf den Boden. Beugen Sie ein Knie und stellen Sie den Fuß neben das gegenüberliegende Knie. Drehen Sie den Oberkörper sanft in Richtung des gebeugten Knies und unterstützen Sie die Drehung mit der gegenüberliegenden Hand.

Fazit: Gentle Spinal Twists sind eine wohltuende und effektive Übung, um die Beweglichkeit und Flexibilität des unteren Rückens und der Wirbelsäule zu verbessern. Durch die regelmäßige Integration dieser Übung in Ihr Fitnessprogramm oder Ihren Alltag können Sie Verspannungen lösen, die Durchblutung fördern und Ihre allgemeine Rücken- und Rumpfmobilität steigern. Gentle Spinal Twists bieten eine wertvolle Ergänzung zu Ihrem Repertoire an Fitnessübungen und unterstützen Sie dabei, Ihrem Körper etwas Gutes zu tun.

Die Glute Bridge, auch bekannt als Hüftbrücke, ist eine populäre und wirksame Übung zur Stärkung der Gesässmuskulatur (Glutealmuskulatur), die auch Hamstrings (hintere Oberschenkelmuskulatur), den unteren Rücken und den Rumpf beansprucht. Diese Übung verbessert nicht nur die Form der Gesässmuskulatur, sondern ist auch vorteilhaft für die Haltung und kann helfen, Rückenschmerzen zu reduzieren. In diesem Artikel gehen wir detailliert auf die richtige Ausführung der Glute Bridge ein, damit Sie das Maximum aus dieser effektiven Übung herausholen können.

Schritt-für-Schritt-Anleitung zur Glute Bridge:

1. Vorbereitung: Starten Sie die Übung, indem Sie sich auf den Rücken legen. Stellen Sie Ihre Füsse flach auf den Boden, wobei die Ferse etwa handbreit von Ihren Gesässmuskeln entfernt ist. Die Füsse sind hüftbreit auseinander. Legen Sie Ihre Arme flach an die Seiten mit den Handflächen nach unten.

2. Ausrichtung von Füssen und Knien: Achten Sie darauf, dass Ihre Füsse parallel zueinander stehen und die Knie während der gesamten Übung über den Knöcheln positioniert sind.

3. Aktivierung der Kernmuskulatur: Spannen Sie Ihre Bauchmuskeln an, indem Sie Ihren Nabel in Richtung Ihrer Wirbelsäule ziehen. Dies stabilisiert den Rumpf und schützt den unteren Rücken.

4. Heben der Hüfte: Atmen Sie ein und heben Sie beim Ausatmen langsam Ihre Hüften in einer gleichmässigen Bewegung vom Boden ab, bis Ihre Oberschenkel und Ihr Oberkörper eine gerade Linie bilden. Es ist wichtig, das Becken leicht zu kippen und den unteren Rücken nicht zu überstrecken.

5. Statische Haltephase: Halten Sie diese Position oben für ein paar Sekunden, wobei Sie die Gesässmuskeln fest zusammenpressen. Stellen Sie sicher, dass die Knie nach wie vor hüftbreit auseinander und parallel zueinander sind.

6. Absenken der Hüfte: Senken Sie Ihre Hüften langsam und kontrolliert wieder auf die Matte ab, ohne diese vollständig abzulegen, bevor Sie die nächste Wiederholung starten.

7. Wiederholungen: Führen Sie etwa 10-20 Wiederholungen durch und achten Sie darauf, die korrekte Form beizubehalten.

Häufige Fehler bei der Glute Bridge, die es zu vermeiden gilt:

- Überstreckung des Rückens: Vermeiden Sie es, den unteren Rücken übermässig zu biegen, da dies zu Verspannungen im Rücken führen kann. Der Fokus sollte darauf liegen, die Hüften mit den Gesässmuskeln anzuheben, nicht den Rücken.

- Nicht ausreichendes Anspannen der Gesässmuskeln: Stellen Sie sicher, dass die Glutealmuskulatur aktiviert wird und nicht die Oberschenkelmuskulatur die Hauptarbeit leistet.

- Knie fallen nach innen: Halten Sie die Knie fest und sorgen Sie dafür, dass sie während der gesamten Übung nicht nach innen fallen.

- Zu schnelle Ausführung: Führen Sie die Bewegung langsam und kontrolliert aus, anstatt Schwung zu nutzen, um die Hüfte anzuheben.

- Die Füsse zu dicht am Gesäss oder zu weit weg positionieren: Dies kann zu geringerer Aktivierung der Gesässmuskulatur führen oder die Belastung auf die Knie erhöhen.

Die Glute Bridge ist eine ausgezeichnete Übung, um Ihre Gesässmuskulatur zu festigen und zu stärken. Indem Sie diese Schritte zu einer korrekten Ausführung befolgen, können Sie sicherstellen, dass Sie die Übung effektiv und sicher durchführen, um das beste Ergebnis zu erzielen.

LOWER BACK STRETCH

EINE SANFTE DEHNUNG FÜR DIE UNTERE RÜCKENMUSKULATUR

Die Dehnung des unteren Rückens in Rückenlage ist eine grundlegende Übung, die darauf abzielt, Verspannungen im unteren Rücken zu lösen und die Flexibilität sowie Beweglichkeit dieses Bereichs zu verbessern. Diese Übung ist besonders nützlich für Menschen, die unter Rückenschmerzen leiden, und eignet sich hervorragend als Teil eines Aufwärm- oder Cooldown-Programms. Die Dehnung kann sowohl von Anfängern als auch von fortgeschrittenen Sportlern durchgeführt werden.

Anleitung zur Ausführung des Lower Back Stretch in Rückenlage:

1. Ausgangsposition:

   • Legen Sie sich flach auf den Rücken auf eine Trainingsmatte oder eine bequeme Unterlage.

- Strecken Sie die Beine aus und legen Sie die Arme entspannt seitlich neben den Körper.

2. Knie zur Brust:

- Beugen Sie beide Knie und ziehen Sie sie langsam zur Brust.

- Umfassen Sie Ihre Knie oder Schienbeine mit beiden Händen und ziehen Sie sie vorsichtig näher zur Brust, bis Sie eine angenehme Dehnung im unteren Rücken spüren.

3. Intensivierung der Dehnung:

- Drücken Sie mit den Knien leicht in Richtung Ihrer Brust, um die Dehnung zu verstärken, aber vermeiden Sie übermäßigen Druck, der Unbehagen oder Schmerzen verursachen könnte.

- Halten Sie Ihren Kopf entspannt auf dem Boden und atmen Sie ruhig und gleichmäßig ein und aus.

4. Position halten:
Halten Sie die Dehnposition für 20-30 Sekunden. Bei jeder Ausatmung versuchen Sie, die Muskulatur weiter zu entspannen und die Dehnung zu vertiefen.

5. Rückkehr zur Ausgangsposition:

- Führen Sie Ihre Knie langsam und kontrolliert zurück, bis Ihre Füße wieder flach auf dem Boden stehen.

- Strecken Sie die Beine aus, um zur Ausgangsposition zurückzukehren.

6. Wiederholungen:
Wiederholen Sie die Dehnübung 2-3 Mal, je nach Bedarf und Komfort.

Tipps für die korrekte Ausführung:

- **Langsame Bewegungen:** Führen Sie die Bewegung langsam und kontrolliert aus.

- **Körperspannung:** Halten Sie den unteren Rücken während der Dehnung flach auf dem Boden, um eine effektive Dehnung zu gewährleisten.

- **Bequeme Unterlage:** Nutzen Sie eine weiche Trainingsmatte oder Unterlage, um den Komfort während der Übung zu erhöhen.

Häufige Fehler vermeiden:

- **Überdehnung:** Vermeiden Sie es, zu stark an den Knien zu ziehen. Die Dehnung sollte intensiv, aber angenehm sein und keine Schmerzen verursachen.

- **Rückenkippen:** Achten Sie darauf, dass der untere Rücken während der Übung flach auf dem Boden bleibt und kein Hohlkreuz entsteht.

- **Schnelle Bewegungen:** Führen Sie die Bewegungen nicht abrupt oder schnell aus. Eine langsame und kontrollierte Ausführung ist entscheidend, um die Muskeln optimal zu dehnen.

Variationen des Lower Back Stretch in Rückenlage:

1. **Einbein-Knie-zur-Brust-Dehnung:**
   Führen Sie die Dehnung abwechselnd mit einem Bein aus, während das andere Bein flach auf dem Boden liegt. Diese Variante ermöglicht eine gezieltere Dehnung und ist besonders nützlich, wenn Sie Probleme auf einer Seite des unteren Rückens haben.

2. **Knie-auf-die-Seite-Dehnung:**
   Ziehen Sie beide Knie zur Brust und lassen Sie sie dann

zur rechten Seite Ihres Körpers fallen, während Sie den Oberkörper gerade auf dem Boden halten. Halten Sie die Position für 20-30 Sekunden und wiederholen Sie die Übung auf der linken Seite. Diese Variante dehnt zusätzlich die seitlichen Rückenmuskeln.

3. **Figure-4-Stretch:**
   Legen Sie sich flach auf den Rücken und beugen Sie beide Knie. Legen Sie den rechten Knöchel auf das linke Knie, sodass Ihre Beine eine "4"-Form bilden. Ziehen Sie das linke Knie zur Brust, um eine zusätzliche Dehnung im Gesäß und im unteren Rücken zu spüren. Wiederholen Sie dies auf der anderen Seite.

4. **Happy Baby Pose:**
   Legen Sie sich auf den Rücken, beugen Sie die Knie und ziehen Sie die Füße Richtung Brust, sodass die Knie nach außen zeigen. Greifen Sie die Füße mit Ihren Händen und drücken Sie sie sanft in Richtung Boden. Diese Variante dehnt den unteren Rücken sowie die Hüften und eignet sich hervorragend zur Beruhigung und Entspannung.

Fazit: Die Dehnung des unteren Rückens in Rückenlage ist eine einfache, aber äußerst effektive Übung, um die Flexibilität und Mobilität des unteren Rückens zu verbessern und Verspannungen zu lösen. Durch die regelmäßige Integration dieser Übung in Ihr Fitnessprogramm oder Ihren Alltag können Sie Rückenschmerzen vorbeugen, die Beweglichkeit erhöhen und die Regeneration nach körperlicher Aktivität fördern. Lower Back Stretch in Rückenlage bietet eine wertvolle Ergänzung zu Ihrem Repertoire an Dehnübungen und unterstützt Sie dabei, Ihre körperlichen Ziele zu erreichen.

LUNGES

Ausfallschritte, besser bekannt als Lunges, sind eine beliebte Beinübung, die überwiegend die Muskeln des Unterkörpers kräftigt und strafft. Zu den Hauptmuskelgruppen, die bei dieser Übung trainiert werden, gehören die Quadrizeps (Vorderseite der Oberschenkel), die Gesässmuskeln, die Hamstrings (Rückseite der Oberschenkel) und in gewissem Umfang der Rumpf zur Stabilisierung.

So führen Sie Lunges korrekt aus:

- Startposition:
  Stehen Sie aufrecht mit den Füssen etwa hüftbreit auseinander. Halten Sie Ihren Oberkörper gerade und den Blick nach vorne gerichtet.

- Ausführung des Ausfallschritts:
  Machen Sie mit einem Bein einen grossen Schritt nach vorne. Beugen Sie beide Knie, bis das hintere Knie fast den Boden berührt und das vordere Knie einen Winkel von etwa 90 Grad bildet. Dabei sollte das vordere Knie nicht über die Zehen hinausragen.

- Rückkehr zur Startposition:
  Drücken Sie sich kraftvoll mit dem vorderen Fuss ab, um zurück in die Startposition zu kommen.

- Wechseln Sie die Seiten:
  Wiederholen Sie die Übung mit dem anderen Bein.

Ein paar zusätzliche Tipps für effektive Lunges:

- Stellen Sie sicher, dass Sie die Bewegung kontrolliert und gleichmässig ausführen.

- Achten Sie darauf, dass der Oberkörper aufrecht bleibt und vermeiden Sie es, sich nach vorne zu beugen.

- Um die Intensität zu erhöhen und die Core-Muskulatur zusätzlich zu beanspruchen, können Sie Hanteln in den Händen halten oder eine Langhantel auf den Schultern platzieren.

- Vermeiden Sie ruckartige Bewegungen und stellen Sie sicher, dass Ihre Bewegung fliessend und stabil ist.

Lunges sind eine vielseitige Übung, die auf verschiedene Arten modifiziert werden kann, um unterschiedliche Muskeln anzusprechen oder um die Schwierigkeit anzupassen, z. B. durch Rückwärtsausfallschritte (Reverse Lunges), seitliche Ausfallschritte (Side Lunges) oder gehende Ausfallschritte (Walking Lunges). Sie sind eine hervorragende Ergänzung für jedes Ganzkörper- oder Beintraining.

PIRIFORMIS STRETCH, KNEE-TO-CHEST STRETCH

FÜR GESÄß- UND HÜFTMUSKULATUR

Der Piriformis Stretch, auch bekannt als Knee-to-Chest Stretch (Knie-zur-Brust-Dehnung), ist eine effektive Übung zur Dehnung des Piriformis-Muskels und der umliegenden Gesäß- und Hüftmuskulatur. Diese Dehnung kann helfen, Verspannungen und Beschwerden im unteren Rücken und in den Hüften zu lindern, und ist besonders nützlich zur Vorbeugung und Behandlung des Piriformis-Syndroms, bei dem der Piriformis-Muskel den Ischiasnerv reizt. Die Übung ist einfach durchzuführen und kann in jedes Dehn- oder Cooldown-Programm integriert werden.

1. Ausgangsposition:

    - Legen Sie sich flach auf den Rücken auf eine Trainingsmatte oder eine weiche Unterlage.

    - Strecken Sie die Beine aus und legen Sie die Arme entspannt seitlich neben Ihren Körper.

2. Knie-zur-Brust-Dehnung:

    - Beugen Sie Ihr rechtes Knie und ziehen Sie es langsam in Richtung Ihrer Brust.

    - Greifen Sie Ihr Knie mit beiden Händen und ziehen Sie es weiter zur Brust, bis Sie eine angenehme Dehnung im Gesäß und im unteren Rücken verspüren.

3. Intensivierung der Dehnung:

    - Führen Sie Ihr rechtes Knie nach links über Ihren Körper, sodass Sie zusätzlich eine leichte Drehung im unteren Rücken und in der Hüfte erzeugen.

- Die linke Hand kann zur Unterstützung dienen, indem sie das Knie leicht nach unten drückt, um die Dehnung zu verstärken.

4. Position halten:
Halten Sie die Dehnposition für 20-30 Sekunden.

5. Rückkehr zur Ausgangsposition:

- Lassen Sie langsam Ihr rechtes Knie los und führen Sie es kontrolliert zurück in die Ausgangsposition.

- Wiederholen Sie die gleiche Dehnübung mit dem linken Bein, indem Sie das linke Knie zur Brust ziehen und gegebenenfalls zur rechten Seite führen.

6. Wiederholungen:
Führen Sie die Dehnung für jedes Bein 2-3 Mal durch, um die Flexibilität und Entspannung der Muskulatur zu maximieren.

Tipps für die korrekte Ausführung:

- **Langsame Bewegungen:** Führen Sie die Bewegungen langsam und kontrolliert aus.

- **Schultern am Boden halten:** Halten Sie Ihre Schultern während der Drehung fest auf dem Boden, um eine korrekte Dehnung im unteren Rücken und in der Hüfte zu gewährleisten.

- **Körperspannung:** Spannen Sie die Gesäßmuskulatur leicht an, um das Becken in einer stabilen Position zu halten und die Dehnung zu intensivieren.

Häufige Fehler vermeiden:

- **Zu schnelle Bewegungen:** Vermeiden Sie ruckartige oder schnelle Bewegungen. Eine langsame und kontrollierte

Ausführung ist entscheidend, um die Wirbelsäule nicht zu belasten.

- **Schmerzen verursachen:** Achten Sie darauf, keine Schmerzen zu verursachen. Die Dehnung sollte intensiv, aber angenehm sein und keine unangenehmen Gefühle hervorrufen.

- **Hohlkreuz vermeiden:** Achten Sie darauf, dass der Rücken während der Übung flach auf dem Boden bleibt und kein Hohlkreuz entsteht.

Variationen des Piriformis Stretch (Knie-zur-Brust-Dehnung):

1. **Liegender Figure-4-Stretch:**
Legen Sie sich auf den Rücken, beugen Sie die Knie und stellen Sie die Füße flach auf den Boden. Legen Sie den rechten Knöchel auf das linke Knie, sodass Ihre Beine eine "4"-Form bilden. Greifen Sie dann das linke Schienbein und ziehen Sie es zur Brust, um die Dehnung im Piriformis und im Gesäß zu spüren.

2. **Sitzender Piriformis Stretch:**
Setzen Sie sich mit ausgestreckten Beinen auf den Boden. Beugen Sie Ihr rechtes Knie und stellen Sie den rechten Fuß auf die Außenseite des linken Knies. Drehen Sie Ihren Oberkörper nach rechts und legen Sie den linken Ellbogen gegen die Außenseite Ihres rechten Knies, um eine zusätzliche Dehnung zu erzeugen. Wiederholen Sie dies auf der anderen Seite.

3. **Stehender Piriformis Stretch:**
Stehen Sie aufrecht und kreuzen Sie den rechten Knöchel über das linke Knie, während Sie das linke Knie leicht beugen. Lehnen Sie sich vorsichtig nach vorne und halten Sie Ihr Gleichgewicht. Diese Variante kombiniert die Piriformis-Dehnung mit einer Balanceübung.

Fazit: Der Piriformis Stretch (Knie-zur-Brust-Dehnung) ist eine effektive Übung zur Dehnung und Entspannung der Gesäß- und Hüftmuskulatur. Durch die regelmäßige Integration dieser Übung in Ihr Fitnessprogramm oder Ihren Alltag können Sie Muskelverspannungen reduzieren, die Flexibilität und Beweglichkeit verbessern und Beschwerden im unteren Rücken und in den Hüften vorbeugen. Piriformis Stretch bietet eine wertvolle Ergänzung zu Ihrem Repertoire an Dehnübungen und unterstützt Sie dabei, Ihre körperlichen Ziele zu erreichen.

PLANKS

Die Plank, auch bekannt als Unterarmstütz, ist eine effektive isometrische Übung, die darauf abzielt, die Kernmuskulatur zu stärken. Sie ist eine der einfachsten und doch herausforderndsten Übungen, die in fast jedes Fitnessprogramm integriert werden kann. Durch die Stärkung der Bauchmuskeln, des unteren Rückens und der Schultern verbessert die Plank nicht nur die Körperhaltung, sondern unterstützt auch die funktionelle Kraft, die für alltägliche Aktivitäten und andere sportliche Bewegungen benötigt wird. Um diese Vorteile zu nutzen, ist es wichtig, die Plank korrekt auszuführen.

So wird eine Plank richtig ausgeführt:

1. Startposition:
    Beginnen Sie auf allen vieren und positionieren Sie Ihre
    Ellbogen direkt unter Ihren Schultern. Die Unterarme
    liegen flach auf dem Boden, und die Hände können
    entweder zu Fäusten geballt, flach auf den Boden
    gedrückt oder ineinander verschränkt werden – wählen
    Sie die Position, die für Sie am bequemsten ist.

2. Körperausrichtung:
    Schieben Sie Ihre Beine nach hinten und heben Sie Ihre
    Hüften, so dass Ihr Körper eine gerade Linie von den
    Schultern bis zu den Fersen bildet. Vermeiden Sie das
    Durchhängen des unteren Rückens oder das Hochdrücken
    des Gesässes.

3. Körperspannung:
    Aktivieren Sie Ihre gesamte Rumpfmuskulatur, indem Sie
    Ihre Bauchmuskeln anspannen, als würden Sie sich darauf
    vorbereiten, einen Schlag in den Magen zu erhalten.
    Halten Sie auch Ihr Gesäss und Ihre
    Oberschenkelmuskulatur fest. Die Spannung in der
    Kernmuskulatur hilft dabei, das Becken zu stabilisieren und
    den unteren Rücken zu schützen.

4. Blickrichtung und Nackenposition:
    Halten Sie Ihren Nacken in einer neutralen Position, indem
    Sie den Blick nach unten richten und somit eine
    Verlängerung Ihrer Wirbelsäule erzeugen. Vermeiden Sie
    es, den Kopf zu heben oder sinken zu lassen, um
    Verspannungen im Nacken zu verhindern.

5. Dauer:
    Halten Sie die Position für die vorgegebene Zeit,
    typischerweise zwischen 20 Sekunden und mehreren
    Minuten, abhängig von Ihrem Fitnesslevel. Achten Sie vor
    allem darauf, die korrekte Form über die gesamte Dauer

beizubehalten, anstatt die Zeit zu verlängern, auf Kosten der Technik.

6. Variationen:
Knie-Plank, bei der die Knie am Boden bleiben. Seitenplank; Plank mit Gehbewegungen der Arme und Beine. Erhöhte Plank mit den Händen auf einem Gymnastikball einbauen, um die Übung anspruchsvoller zu gestalten.

Fehler, die vermieden werden sollten:

- Hüften zu hoch oder zu tief: Dies reduziert die Belastung auf dem Kern und kann Rückenschmerzen verursachen.

- Hohlkreuz: Vermeiden Sie ein Durchhängen des Rückens, indem Sie die Bauchmuskeln fest anspannen.

- Verspannter Nacken: Halten Sie den Nacken neutral, ohne den Kopf zu senken oder nach oben zu schauen.

Eine gut durchgeführte Plank fördert Stärke und Stabilität des gesamten Körpers. Integrieren Sie diese effektive Übung regelmässig in Ihr Workout-Programm und steigern Sie nach und nach die Dauer, um Ihre Bauchmuskulatur sichtbar zu kräftigen und Ihre Gesamtleistungsfähigkeit zu verbessern.

SANFTE YOGA-ÜBUNGEN

Yoga ist eine wunderbare Praxis, die Körper und Geist miteinander harmonisiert und zu mehr Wohlbefinden und innerer Balance führt. Hier sind einige leichte Yogaübungen.

TADASANA (BERGHALTUNG)

Vorteile:

- Verbesserung der Körperhaltung

- Stärkung der Beine

- Förderung von Gleichgewicht und Konzentration

Ausführung:

1. Stellen Sie sich aufrecht hin, die Füße hüftbreit auseinander. Verteilen Sie das Gewicht gleichmäßig auf beide Füße.

2. Spannen Sie die Oberschenkel leicht an und heben Sie die Kniescheiben an, ohne die Beine zu überstrecken.

3. Ziehen Sie das Steißbein leicht nach unten und den Bauchnabel sanft zur Wirbelsäule.

4. Die Arme hängen entspannt an den Seiten, die Handflächen zeigen nach innen.

5. Strecken Sie die Wirbelsäule und spüren Sie, wie Sie von den Fersen bis zum Scheitelpunkt wachsen.

6. Halten Sie den Blick geradeaus und atmen Sie tief und ruhig ein und aus.

BALASANA (KINDHALTUNG)

Vorteile:

- Dehnung des unteren Rückens, der Hüften und Oberschenkel

- Beruhigung des Geistes

- Linderung von Stress und Müdigkeit

Ausführung:

1. Beginnen Sie im Kniestand, die großen Zehen berühren sich und die Knie sind auseinander.

2. Senken Sie Ihre Hüften auf die Fersen und legen Sie Ihre Stirn sanft auf den Boden.

3. Strecken Sie die Arme nach vorne aus oder legen Sie sie entspannt neben den Körper, die Handflächen zeigen nach oben.

4. Atmen Sie tief ein und aus und entspannen Sie sich in dieser Position für mindestens 30 Sekunden.

ADHO MUKHA SVANASANA (HERABSCHAUENDER HUND)

Vorteile:

- Kräftigung der Arme, Schultern und Beine

- Dehnung des Rückens und der Beinrückseiten

- Verbesserung der Durchblutung

Ausführung:

1. Beginnen Sie auf Händen und Knien, die Hände sind schulterbreit auseinander, die Knie hüftbreit.

2. Spreizen Sie die Finger weit und drücken Sie die Handflächen fest in den Boden.

3. Heben Sie die Knie vom Boden ab und strecken Sie die Beine, sodass die Hüften nach oben und hinten gezogen werden.

4. Lassen Sie den Kopf zwischen den Armen hängen und richten Sie den Blick zu den Knien oder dem Bauchnabel.

5. Strecken Sie die Wirbelsäule und drücken Sie die Fersen sanft in Richtung Boden (sie müssen nicht den Boden berühren).

6. Halten Sie diese Position für 5-10 tiefe Atemzüge.

VIPARITA KARANI (BEINE AN DER WAND)

Vorteile:

- Linderung von Müdigkeit in den Beinen und Füßen
- Förderung der Durchblutung
- Entspannung und Stressabbau

Ausführung:

1. Setzen Sie sich seitlich zu einer Wand, so nah, dass Ihre Hüfte die Wand berührt.

2. Schwingen Sie die Beine hoch und legen Sie sich gleichzeitig auf den Rücken, sodass Ihre Beine senkrecht an der Wand hochliegen.

3. Ihre Hüften können die Wand leicht berühren oder ein kleines Stück davon entfernt sein (je nach Beweglichkeit).

4. Die Arme liegen entspannt neben dem Körper, die Handflächen zeigen nach oben.

5. Schließen Sie die Augen und atmen Sie tief und ruhig ein und aus.

6. Bleiben Sie mindestens 5 Minuten in dieser Position und entspannen Sie vollständig.

SHAVASANA (TOTENSTELLUNG)

Vorteile:

- Tiefenentspannung

- Beruhigung des Nervensystems

- Linderung von Stress und Anspannung

Ausführung:

1. Legen Sie sich flach auf den Rücken, die Beine leicht auseinander, die Fußspitzen fallen locker nach außen.

2. Die Arme liegen entspannt neben dem Körper, die Handflächen zeigen nach oben.

3. Schließen Sie die Augen und atmen Sie tief und ruhig ein und aus.

4. Entspannen Sie bewusst jeden Teil des Körpers von den Zehen bis zum Scheitel.

5. Bleiben Sie mindestens 5-10 Minuten in dieser Position und genießen Sie die Ruhe.

Fazit: Diese leichten Yogaübungen bieten eine solide Basis. Durch die regelmäßige Durchführung können Sie Ihre Flexibilität, Kraft und Entspannung verbessern. Achten Sie immer darauf, die Übungen langsam und kontrolliert auszuführen.

NAMASTE!

SEATED HAMSTRING STRETCH

EFFEKTIVE DEHNUNG FÜR FLEXIBLE BEINMUSKULATUR

Der Seated Hamstring Stretch, auf Deutsch als "Sitzende Dehnung der Oberschenkelrückseite" bekannt, ist eine Grundübung zur Verbesserung der Flexibilität und Mobilität der hinteren Oberschenkelmuskulatur (Hamstrings). Diese Dehnübung kann helfen, Muskelverspannungen zu lösen, die Beweglichkeit zu erhöhen. Sie eignet sich sowohl für Anfänger als auch für fortgeschrittene Sportler und kann leicht in jedes Dehnungs- oder Aufwärmprogramm integriert werden.

Schritt-für-Schritt-Anleitung:

1. Ausgangsposition:

   - Setzen Sie sich auf den Boden oder auf eine weiche Unterlage. Strecken Sie beide Beine gerade vor sich aus.

   - Halten Sie Ihren Rücken gerade und die Bauchmuskeln leicht angespannt, um eine aufrechte Körperhaltung zu gewährleisten.

2. Dehnung der Oberschenkelrückseite:

   - Beugen Sie sich langsam nach vorne in Richtung Ihrer Zehen. Versuchen Sie dabei, den Rücken gerade zu halten und nicht zu runden.

   - Greifen Sie mit Ihren Händen nach Ihren Füßen oder Knöcheln. Falls dies nicht möglich ist, legen Sie Ihre Hände auf Ihre Schienbeine oder platzieren Sie sie einfach auf den Boden neben Ihren Beinen.

3. Halten der Dehnposition:

   - Halten Sie die Dehnposition für 20-30 Sekunden, ohne zu federn.

   - Versuchen Sie, mit jeder Ausatmung etwas weiter nach vorne zu kommen, ohne Schmerzen zu verursachen.

4. Rückkehr zur Ausgangsposition:

   - Kommen Sie langsam und kontrolliert zurück in die Ausgangsposition, indem Sie den Oberkörper aufrichten.

5. Wiederholungen:

- Wiederholen Sie die Dehnung 2-3 Mal, um optimale Ergebnisse zu erzielen.

Tipps für die korrekte Ausführung:

- **Rücken gerade halten:** Achten Sie darauf, den Rücken während der Dehnung gerade zu halten, um die Dehnungswirkung auf die Hamstrings zu maximieren und den unteren Rücken zu schützen.
- **Langsame und kontrollierte Bewegungen:** Führen Sie die Dehnung langsam und kontrolliert durch.
- **Schmerzen vermeiden:** Gehen Sie nur so weit in die Dehnung, dass Sie ein angenehmes Ziehen spüren, aber keine Schmerzen verursachen.

Häufige Fehler vermeiden:

- **Rundrücken:** Vermeiden Sie es, den Rücken zu runden. Ein gerader Rücken trägt dazu bei, die Dehnung auf die Hamstrings zu konzentrieren und den unteren Rücken zu entlasten.
- **Federn:** Vermeiden Sie federnde Bewegungen. Halten Sie die Dehnposition statisch und kontrolliert.
- **Zu schnelle Bewegungen:** Führen Sie die Bewegungen langsam und kontrolliert aus, um die Dehnung zu maximieren.

Variationen des Seated Hamstring Stretch:

1. **Seated Hamstring Stretch mit einem Bein:** Strecken Sie nur ein Bein gerade aus und beugen Sie das andere Bein, sodass die Fußsohle das Innere des ausgestreckten Oberschenkels berührt. Beugen Sie sich nach vorne über das ausgestreckte Bein. Diese Variante

ermöglicht eine gezieltere Dehnung des einzelnen Hamstrings.

2. **Seated Hamstring Stretch mit Yoga-Gurt:**
Verwenden Sie einen Yoga-Gurt oder ein Handtuch um Ihre Füße, um die Reichweite zu erhöhen und die Dehnung zu erleichtern. Halten Sie den Gurt oder das Handtuch mit beiden Händen und ziehen Sie sich sanft nach vorne.

3. **Seated Hamstring Stretch mit Partnermithilfe:**
Lassen Sie sich von einem Trainingspartner unterstützen, der sanft Druck auf Ihren Rücken ausübt, um Ihnen zu helfen, tiefer in die Dehnung zu gelangen. Diese Variante sollte nur durchgeführt werden, wenn Sie Vertrauen in Ihren Partner haben und keine Schmerzen verspüren.

4. **Dynamischer Seated Hamstring Stretch:**
Führen Sie die Dehnung in einer dynamischen Bewegung aus, indem Sie sich abwechselnd nach vorne über jedes Bein beugen. Halten Sie die Position für einige Sekunden und wechseln Sie langsam die Seite.

Der Seated Hamstring Stretch ist eine einfache und effektive Übung zur Verbesserung der Flexibilität und Mobilität der hinteren Oberschenkelmuskulatur. Durch die regelmäßige Integration dieser Dehnung in Ihr Fitnessprogramm können Sie Muskelverspannungen lösen, die Beweglichkeit erhöhen. Achten Sie stets auf eine korrekte Ausführung, um maximale Ergebnisse zu erzielen und Verletzungen zu vermeiden. Der Seated Hamstring Stretch bietet eine wertvolle Ergänzung zu Ihrem Trainingsrepertoire und unterstützt Sie dabei, Ihre körperlichen Ziele zu erreichen.

SEITENPLANKEN MIT HÜFTABDUKTION

EINE FORDERNDE ÜBUNG FÜR RUMPF UND HÜFTEN

D ie Seitenplanke mit Hüftabduktion (Side Plank with Hip Abduction) ist eine anspruchsvolle Übung, die darauf abzielt, die seitliche Rumpfmuskulatur (Obliques) und die Abduktoren (Außenmuskulatur der Oberschenkel) zu stärken. Darüber hinaus fordert diese Übung die Stabilität und Balance der Schultern und des gesamten Kerns. Die Seitenplanke mit Hüftabduktion eignet sich sowohl für fortgeschrittene Sportler als auch für Fitness-Enthusiasten, die ihre Core-Stärke und Hüftstabilität verbessern möchten.

Schritt-für-Schritt-Anleitung:

1. Ausgangsposition:

   - Beginnen Sie in der klassischen Seitenplanke: Legen Sie sich auf die Seite und stützen Sie sich auf Ihren Unterarm, wobei der Ellbogen direkt unter der Schulter positioniert ist.

   - Halten Sie die Beine gestreckt und übereinander, mit den Füßen parallel zueinander.

   - Heben Sie Ihre Hüften an, sodass Ihr Körper eine gerade Linie von Kopf bis Fuß bildet.

2. Hüftabduktion:

- Heben Sie das obere Bein langsam und kontrolliert vom unteren Bein ab. Halten Sie dabei das Bein gestreckt und die Zehen zeigen nach vorne.

- Achten Sie darauf, dass Ihre Hüften stabil bleiben und nicht nach hinten oder nach vorne kippen.

3. Halten der Position:

- Halten Sie die Position für einen kurzen Moment und spüren Sie die Spannung in den Abduktoren und der seitlichen Rumpfmuskulatur.

4. Rückkehr zur Ausgangsposition:

- Senken Sie das obere Bein langsam und kontrolliert zurück auf das untere Bein.

5. Wiederholungen:

- Führen Sie 10-15 Wiederholungen auf jeder Seite in 2-3 Sätzen durch, je nach Ihrem Fitnesslevel.

Tipps für die korrekte Ausführung:

- **Kontrollierte Bewegungen:** Führen Sie jede Hüftabduktion langsam und kontrolliert aus, um die Muskelaktivierung zu maximieren.

- **Körperspannung:** Halten Sie Ihre Bauchmuskeln angespannt und den Körper während der gesamten Übung in einer geraden Linie.

- **Hüftposition:** Achten Sie darauf, dass Ihre Hüften während der Übung stabil bleiben und nicht kippen.

Häufige Fehler vermeiden:

- **Durchhängen der Hüften:** Vermeiden Sie es, dass Ihre Hüften durchhängen. Halten Sie sie während der gesamten Übung hoch und stabil.

- **Unsymmetrische Bewegungen:** Achten Sie darauf, dass das Bein gerade abduziert wird und nicht nach vorne oder hinten schwingt.

- **Zu schnelle Bewegungen:** Vermeiden Sie es, die Bewegungen zu schnell auszuführen. Eine langsame und kontrollierte Ausführung maximiert die Muskelaktivierung.

Variationen:

1. **Seitenplanke mit gestrecktem Arm:**
   Anstatt sich auf den Unterarm zu stützen, führen Sie die Übung mit gestrecktem Arm aus, wobei Ihre Handfläche direkt unter der Schulter positioniert ist. Diese Variante erhöht die Herausforderung für die Schultern und Arme.

2. **Seitenplanke mit Hüftdip:**
   Kombinieren Sie die Hüftabduktion mit einem Hüftdip. Senken Sie Ihre Hüften langsam in Richtung Boden ab und heben Sie sie dann wieder an, bevor Sie das obere Bein abduzieren. Diese Variation fügt eine zusätzliche Herausforderung für die Hüft- und Kernmuskulatur hinzu.

3. **Seitenplanke mit Gewicht:**
   Halten Sie ein kleines Gewicht (z. B. eine Hantel oder Kettlebell) auf Ihrer Hüfte, um den Schwierigkeitsgrad und die Intensität der Übung zu steigern. Achten Sie darauf, die Form während der gesamten Übung beizubehalten.

4. **Dynamische Seitenplanke mit Beinwechsel:**
   Wechseln Sie die Seiten in einer fließenden Bewegung, ohne die Seitenplanke zu verlassen. Diese Variation fördert die kardiovaskuläre Ausdauer und Koordination.

Fazit: Die Seitenplanke mit Hüftabduktion ist eine dynamische und effektive Übung zur Stärkung der Rumpfmuskulatur, der seitlichen Bauchmuskeln und der Hüftabduktoren. Durch die regelmäßige Integration dieser Übung in Ihr Fitnessprogramm können Sie Ihre Kernkraft, Stabilität und Koordination verbessern. Die Seitenplanke mit Hüftabduktion bietet eine wertvolle Ergänzung zu Ihrem Trainingsrepertoire und unterstützt Sie dabei, Ihre körperlichen Ziele zu erreichen.

SIDED LEG RAISES

FÜR DIE HÜFT- UND GESÄßMUSKULATUR

Side Leg Raises, auch bekannt als seitliches Beinheben, sind eine effektive Übung zur Stärkung der Abduktoren (seitliche Hüftmuskeln) und Gesäßmuskulatur. Diese Übung kann helfen, die Stabilität und Kraft in den Hüften zu verbessern und die Körperhaltung zu unterstützen. Side Leg Raises eignen sich sowohl für Anfänger als auch für fortgeschrittene Sportler und können ohne spezielle Ausrüstung durchgeführt werden.

1. Ausgangsposition:

- Legen Sie sich auf die Seite auf eine Trainingsmatte oder eine weiche Unterlage. Strecken Sie beide Beine gerade aus.

- Stützen Sie Ihren Kopf auf Ihrem unteren Arm ab oder legen Sie ihn auf Ihre ausgestreckte Hand. Die andere Hand können Sie vor Ihrem Körper auf dem Boden abstützen, um die Balance zu halten.

- Achten Sie darauf, dass Ihr Körper eine gerade Linie bildet, und Ihre Hüften übereinander gestapelt sind.

2. Heben des oberen Beins:

- Spannen Sie Ihre Gesäß- und Bauchmuskulatur an, um Stabilität zu gewährleisten.

- Heben Sie das obere Bein langsam und kontrolliert vom unteren Bein ab. Heben Sie es bis auf Hüfthöhe oder etwas höher an, ohne den Oberkörper zu kippen oder die Hüften zu verdrehen.

- Halten Sie das Bein gestreckt und die Zehen leicht nach vorne oder unten gerichtet.

3. Position halten:

- Halten Sie das Bein für einen kurzen Moment in der höchsten Position und spüren Sie die Spannung in den seitlichen Hüft- und Gesäßmuskeln.

4. Rückkehr zur Ausgangsposition:

- Senken Sie das Bein langsam und kontrolliert wieder ab, ohne es auf das untere Bein fallen zu lassen. Halten Sie während des gesamten Ablassens die Spannung in der Muskulatur aufrecht.

5. Wiederholungen und Seitenwechsel:

- Führen Sie 10-15 Wiederholungen durch, je nach Ihrem Fitnesslevel. Danach wechseln Sie die Seite und wiederholen die Übung mit dem anderen Bein.

Tipps für die korrekte Ausführung:

- **Kontrollierte Bewegungen:** Führen Sie jede Wiederholung langsam und kontrolliert aus.

- **Körperspannung:** Halten Sie während der gesamten Übung die Bauch- und Gesäßmuskulatur angespannt, um eine stabile Körperhaltung zu gewährleisten.

- **Hüftposition:** Achten Sie darauf, dass die Hüften während der Übung übereinander gestapelt bleiben und nicht nach vorne oder hinten kippen.

Häufige Fehler vermeiden:

- **Schwung nutzen:** Vermeiden Sie es, das Bein mit Schwung zu heben und zu senken. Eine langsame und kontrollierte Ausführung ist entscheidend für die Effektivität der Übung.

- **Kippen der Hüften:** Achten Sie darauf, dass die Hüften nicht nach vorne oder hinten kippen, da dies die Muskelbeanspruchung verringert und die Stabilität beeinträchtigt.

- **Unkontrolliertes Absenken:** Lassen Sie das Bein nicht abrupt fallen, sondern senken Sie es langsam und kontrolliert ab, um die Muskulatur optimal zu fordern.

Variationen der Side Leg Raises:

1. **Side Leg Raises mit Widerstandsband:**
   Platzieren Sie ein Widerstandsband um Ihre Knöchel oder

oberhalb der Knie, um den Widerstand zu erhöhen und die Übung intensiver zu gestalten.

2. **Side Leg Raises im Stehen:**
Stellen Sie sich aufrecht hin, halten Sie sich mit einer Hand an einer Wand oder einem Stuhl fest, um die Balance zu halten. Heben Sie das äußere Bein seitlich an, ähnlich wie in der liegenden Position. Diese Variante fördert zusätzlich die Balance und Stabilität.

3. **Side Leg Raises mit angehobenem unteren Bein:**
In dieser Variante heben Sie sowohl das obere als auch das untere Bein vom Boden ab, um die Rumpfmuskulatur zusätzlich zu fordern. Halten Sie die Beine während der gesamten Übung gestreckt und kontrolliert.

4. **Pulsierende Side Leg Raises:**
Führen Sie die Übung wie gewohnt aus, aber fügen Sie am höchsten Punkt der Bewegung kleine, pulsierende Auf- und Abbewegungen hinzu. Dies erhöht die Zeit unter Spannung und intensiviert die Muskelaktivierung.

Fazit: Side Leg Raises sind eine effektive Übung zur Stärkung der seitlichen Hüftmuskulatur und des Gesäßes. Durch die regelmäßige Integration dieser Übung in Ihr Fitnessprogramm oder Ihren Alltag können Sie Ihre Hüftstabilität verbessern, die Körperhaltung unterstützen und das Risiko von Verletzungen reduzieren. Side Leg Raises bieten eine wertvolle Ergänzung zu Ihrem Trainingsrepertoire und unterstützen Sie dabei, Ihre körperlichen Ziele zu erreichen.

SIDE PLANKS WITH A TWIST

RUMPFSTABILITÄT UND ROTATIONSKRAFT

Side Planks with a Twist sind eine effektive und dynamische Übung, die die Rumpfstabilität, die seitlichen Bauchmuskeln (Obliques) und die Rotationskraft des Körpers stärkt. Diese Variante der klassischen Side Plank fügt eine Rotationsbewegung hinzu, die nicht nur die Stabilität erhöht, sondern auch gezielt die seitlichen Bauchmuskeln und die Schultern anspricht. Egal ob Sie Anfänger oder fortgeschrittener Sportler sind, diese Übung kann Ihr Training auf das nächste Level heben.

1. Ausgangsposition:

- Beginnen Sie in der klassischen Side Plank: Legen Sie sich auf die Seite und stützen Sie sich auf Ihren Unterarm, wobei der Ellbogen direkt unter der Schulter positioniert ist.

- Halten Sie die Beine gestreckt und übereinander, mit den Füßen parallel zueinander.

- Heben Sie Ihre Hüften an, sodass Ihr Körper eine gerade Linie von Kopf bis Fuß bildet.

- Strecken Sie den oberen Arm gerade zur Decke, sodass Ihre Schulter in einer Linie mit dem Ellbogen bleibt.

2. Rotationsbewegung:

- Drehen Sie Ihren Oberkörper kontrolliert nach unten und führen Sie den ausgestreckten Arm unter Ihrem Körper hindurch.

- Achten Sie darauf, dass Ihre Hüften stabil bleiben und nicht kippen. Die Bewegung sollte hauptsächlich aus der Rumpfmuskulatur kommen.

3. Halten der Position:
   Drehen Sie Ihren Oberkörper wieder auf und strecken Sie den Arm zurück zur Decke. Halten Sie die Spannung in der Rumpfmuskulatur.

4. Wiederholungen:
   Führen Sie 10-15 Wiederholungen auf jeder Seite in 2-3 Sätzen durch, je nach Ihrem Fitnesslevel.

Tipps für die korrekte Ausführung:

- **Kontrollierte Bewegungen:** Führen Sie die Rotationsbewegung langsam und kontrolliert.

- **Körperspannung:** Halten Sie Ihre Bauchmuskeln angespannt und den Körper während der gesamten Übung in einer geraden Linie.

- **Hüftposition:** Achten Sie darauf, dass Ihre Hüften während der Übung stabil bleiben und nicht kippen.

Häufige Fehler vermeiden:

- **Durchhängen der Hüften:** Vermeiden Sie es, dass Ihre Hüften durchhängen. Halten Sie sie während der gesamten Übung hoch und stabil.

- **Unsymmetrische Bewegung:** Achten Sie darauf, dass die Rotationsbewegung gleichmäßig und aus der Rumpfmuskulatur kommt.

- **Zu schnelle Bewegungen:** Vermeiden Sie es, die Bewegungen zu schnell auszuführen.

Variationen:

1. **Side Plank with a Twist mit gestrecktem Arm:**
   Anstatt sich auf den Unterarm zu stützen, führen Sie die Übung mit gestrecktem Arm aus, wobei Ihre Handfläche direkt unter der Schulter positioniert ist. Diese Variante erhöht die Herausforderung für die Schultern und Arme.

2. **Side Plank with a Twist mit Gewicht:**
   Halten Sie ein kleines Gewicht (z.B. eine Hantel oder Kettlebell) in Ihrer oberen Hand, um den Schwierigkeitsgrad und die Intensität der Übung zu steigern. Achten Sie darauf, die Form während der gesamten Übung beizubehalten.

3. **Side Plank with a Twist und Beinheben:**
   Kombinieren Sie die Rotationsbewegung mit einem Beinheben. Heben Sie das obere Bein während der Rotation an, um die Gesäß- und Hüftmuskulatur zusätzlich zu fordern.

4. **Dynamische Side Plank with a Twist:**
   Führen Sie die Side Plank with a Twist in einem fließenden, dynamischen Rhythmus aus, ohne in die statische Side Plank zurückzukehren. Diese Variante fördert die kardiovaskuläre Ausdauer und Koordination.

Fazit: Die Side Plank with a Twist ist eine dynamische und effektive Übung zur Stärkung der Rumpfmuskulatur, der seitlichen Bauchmuskeln und der Schultern. Durch die regelmäßige Integration dieser Übung in Ihr Fitnessprogramm können Sie Ihre Kernkraft, Rotationskraft und Stabilität verbessern. Die Side Plank with a Twist bietet eine wertvolle Ergänzung zu Ihrem Trainingsrepertoire und unterstützt Sie dabei, Ihre körperlichen Ziele zu erreichen.

SINGLE LEG ROMANIAN DEADLIFTS

BALANCE UND KRAFT

Die einbeinige Rumpfbeuge, auch bekannt als Single-Leg Romanian Deadlift, ist eine hervorragende Übung zur Steigerung der Kraft und Stabilität in den Beinen sowie im Unterkörper. Darüber hinaus trainiert sie das Gleichgewicht und die Koordinationsfähigkeit, da sie auf einem Bein ausgeführt wird und dabei die Muskeln des Kernbereichs, der Hüfte und besonders die hinteren Oberschenkelmuskeln (Hamstrings) anspricht. Hier erfahren Sie, wie Sie eine einbeinige Rumpfbeuge korrekt ausführen.

Ausgangsposition:

- Stellen Sie sich aufrecht hin und positionieren Sie Ihre Füsse hüftbreit auseinander. Der Körper ist gerade, die Arme sind an den Seiten, und der Blick ist nach vorne gerichtet.

- Verlagern Sie Ihr Gewicht auf Ihr Standbein, das leicht gebeugt sein sollte, um eine Überbelastung der Knie zu vermeiden. Heben Sie Ihr anderes Bein ein wenig vom Boden ab.

Ausführung der einbeinigen Rumpfbeuge:

1. Atmen Sie ein und behalten Sie die Stabilität bei, während Sie Ihren Körper aus der Hüfte heraus nach vorne beugen. Ihr freies Bein streckt sich währenddessen natürlich nach hinten aus. Halten Sie dieses Bein gerade und in Linie mit Ihrem Oberkörper.

2. Senken Sie Ihren Oberkörper so weit ab, bis Sie eine deutliche Dehnung in den Hamstrings Ihres Standbeins spüren, wobei Ihr Oberkörper und das hintere Bein eine gerade Linie bilden sollten. Die Arme können während der Bewegung natürlich seitlich des Körpers schwingen.

3. Halten Sie den Rücken gerade und vermeiden Sie es, ihn während der Bewegung krümmen zu lassen. Richten Sie den Blick nach vorne oder leicht bodenwärts, um den Nacken in einer neutralen Position zu halten.

4. Bringen Sie Ihren Körper langsam wieder in die aufrechte Ausgangsposition zurück, während Sie das Gleichgewicht auf dem Standbein halten.

5. Wiederholungen und Sätze: Zielen Sie zu Beginn auf 2-3 Sätze von 8-12 Wiederholungen pro Bein ab. Je nach Ihrem Fitnesslevel und Trainingsziel können Sie die Anzahl der Wiederholungen und Sätze variieren.

Tipps für eine korrekte Ausführung:

- Fokussieren Sie sich auf einen Punkt vor Ihnen, um das Gleichgewicht zu erleichtern.

- Halten Sie die Bewegung langsam und kontrolliert.

- Vermeiden Sie es, Ihr Standbein vollständig durchzustrecken; ein leichtes Beugen hilft bei der Stabilität.

- Die Hüften sollten während der Übung parallel zum Boden bleiben. Vermeiden Sie Drehungen.

- Wenn Sie mit der Balance zu kämpfen haben, können Sie sich in der Nähe einer Wand oder eines stabilen Gegenstandes positionieren und diesen bei Bedarf als Unterstützung verwenden.

Häufige Fehler:

- Zu schnelle Ausführung: Dadurch könnte Schwung in die Bewegung kommen und die Kontrolle über die Muskelspannung verloren gehen.

- Runder Rücken: Dies ist ein häufiger Fehler und kann zu Rückenschmerzen führen. Achten Sie darauf, den Rücken gerade zu halten.

- Blickrichtung: Wenn Sie während der Übung nach unten oder zu den Seiten schauen, kann dies das Gleichgewicht beeinträchtigen.

Die einbeinige Rumpfbeuge ist eine anspruchsvolle, aber lohnende Übung, die verschiedenen Muskeln des Körpers Vorteile bietet. Sie sollten diese Übung mit Fokus auf Form und Balance ausführen, um das Beste daraus zu ziehen. Regelmässiges Integrieren der einbeinigen Rumpfbeuge in Ihr Trainingsprogramm kann die Stärke in Ihrem Unterkörper erhöhen und die Leistungsfähigkeit verbessern.

FIRE HYDRANTS

STÄRKE DEINE HÜFT- UND GESÄßMUSKULATUR

Fire Hydrants sind eine hervorragende Übung zur Kräftigung der Hüft- und Gesäßmuskulatur. Benannt nach der Bewegung eines Hundes, der an einem Hydranten markiert, konzentriert sich diese Übung auf die seitlichen Gesäßmuskeln (Gluteus medius) und hilft, die Stabilität der Hüften zu verbessern. Diese Übung ist besonders nützlich zur Vorbeugung von Verletzungen, zur Verbesserung der Haltung und zur Erhöhung der Beinkraft. Fire Hydrants können problemlos zu Hause oder im Fitnessstudio durchgeführt werden und eignen sich für alle Fitnessstufen.

1. Ausgangsposition:

- Beginnen Sie auf allen Vieren auf einer Trainingsmatte. Ihre Hände sollten direkt unter den Schultern und Ihre Knie unter den Hüften positioniert sein.

- Halten Sie Ihren Rücken gerade und Ihren Kopf in einer neutralen Position. Der Blick ist auf den Boden gerichtet.

- Spannen Sie Ihren Core an, um eine stabile und gerade Körperhaltung zu gewährleisten.

2. Bein anheben:

- Heben Sie Ihr rechtes Bein in einem 90-Grad-Winkel zur Seite an, ohne das Knie zu strecken. Ihr Knie und Ihr Knöchel sollten während der Bewegung auf gleicher Höhe bleiben.

- Achten Sie darauf, dass Ihr Becken stabil bleibt und Sie nicht zur Seite kippen.

3. Obersten Punkt erreichen:

- Heben Sie das Bein so weit an, wie es möglich ist, ohne den unteren Rücken zu bewegen oder das Becken zu kippen. Das Ziel ist es, die seitlichen Hüft- und Gesäßmuskeln maximal zu kontrahieren.

- Halten Sie diese Position kurz, um die Muskelkontraktion zu intensivieren.

4. Zurück in die Ausgangsposition:

- Senken Sie das Bein kontrolliert zurück in die Ausgangsposition, ohne das Knie auf den Boden sinken zu lassen.

- Wiederholen Sie die Bewegung für die gewünschte Anzahl an Wiederholungen, bevor Sie zum anderen Bein wechseln.

5. Wiederholungen und Sets:

- Führen Sie 15-20 Wiederholungen pro Bein in 3-4 Sätzen durch. Passen Sie die Sets und Wiederholungen an Ihr Fitnesslevel an und steigern Sie die Anzahl allmählich, wenn Sie stärker werden.

Tipps für die korrekte Ausführung:

- **Körperspannung:** Halten Sie die Bauchmuskeln während der gesamten Übung angespannt, um eine stabile Haltung zu bewahren.
- **Kontrolle:** Führen Sie die Bewegungen langsam und kontrolliert durch.
- **Beckenstabilität:** Achten Sie darauf, dass Ihr Becken während der gesamten Übung stabil bleibt und nicht zur Seite kippt.

Häufige Fehler vermeiden:

- **Durchhängen des Rückens:** Achten Sie darauf, dass Ihr Rumpf während der gesamten Übung angespannt und Ihr Rücken gerade bleibt, um die Bewegung korrekt und sicher auszuführen.
- **Beckenkippen:** Vermeiden Sie das Kippen des Beckens zur Seite. Ihr Oberkörper sollte stabil bleiben und nur das Bein sollte sich bewegen.
- **Schwung:** Führen Sie die Bewegung nicht mit Schwung aus, sondern kontrolliert, um die Muskelaktivierung zu maximieren und Belastungen auf die Gelenke zu minimieren.

Variationen der Fire Hydrants:

- **Mit Fußdurchstrecken:**
  Strecken Sie das angehobene Bein nach dem Anheben,

indem Sie es gerade nach hinten ausstrecken, bevor Sie es wieder in die Ausgangsposition bringen. Dies erhöht die Aktivierung der Gesäßmuskulatur.

- **Mit Widerstandsbändern:**
Verwenden Sie ein Widerstandsband um Ihre Oberschenkel, um die Intensität der Übung zu erhöhen. Dies fordert die Muskeln noch mehr heraus.

- **Mit Hanteln:**
Platzieren Sie eine leichte Hantel hinter Ihrem Knie, um die Übung anspruchsvoller zu gestalten und die Muskulatur zusätzlich zu fordern.

Trainingseinheiten:

- **Circuit-Training:**
Integrieren Sie Fire Hydrants in ein Zirkeltraining, indem Sie sie mit anderen gezielten Übungen für den unteren Körperbereich wie Kniebeugen, Ausfallschritten und Plank-Hip-Dips kombinieren.

- **Supersätze:**
Kombinieren Sie Fire Hydrants mit einer weiterführenden Übung wie Side Leg Lifts oder Clamshells, um den seitlichen Hüft- und Gesäßbereich umfassend zu trainieren.

Fazit: Fire Hydrants sind eine einfache, aber äußerst effektive Übung zur Stärkung der seitlichen Gesäß- und Hüftmuskulatur. Durch die regelmäßige Integration dieser Übung in Ihr Trainingsprogramm können Sie die Stabilität und Kraft im unteren Körperbereich erheblich verbessern. Achten Sie stets auf eine korrekte Ausführung, um maximale Ergebnisse zu erzielen und Verletzungen zu vermeiden. Egal, ob Sie Anfänger oder erfahrener Athlet sind, Fire Hydrants bieten eine wertvolle Ergänzung zu Ihrem Fitnessprogramm und helfen Ihnen, Ihre Kraft- und Stabilitätsziele zu erreichen.

STRAIGHT LEG RAISES

Das Beinheben im Liegen oder Beinheben, bekannt als Leg Raises oder Lying Leg Lifts, ist eine effektive Übung zur Stärkung des unteren Bauchbereichs und anderen Kernmuskeln wie Hüftbeuger und Stabilität des Rumpfes. Richtig ausgeführt kann diese Übung dabei helfen, eine stabile Körpermitte aufzubauen.

Vorbereitung für das Beinheben liegend: Zum Anfang der Übung legen Sie sich flach mit dem Rücken auf eine komfortable, feste Unterlage. Ihre Beine sind ausgestreckt und die Arme liegen entspannt an Ihrer Seite mit den Handflächen entweder nach unten auf den Boden oder unter den Gesässmuskeln für zusätzliche Unterstützung der Lendenwirbelsäule.

Richtige Ausführung:

1. Spannen Sie Ihren Bauch fest an und drücken Sie Ihren unteren Rücken in den Boden, um die Lendenwirbelsäule zu stabilisieren.

2. Heben Sie beide Beine gleichzeitig gerade vom Boden, ohne dabei das Becken zu kippen oder die Lendenwirbelsäule vom Boden zu lösen.

3. Heben Sie die Beine so hoch, bis diese einen Winkel von etwa 90 Grad zum Boden bilden, oder so weit, wie Sie dies ohne Einsatz des Rückenmuskels können. Es ist wichtig, dass die Bewegung langsam und kontrolliert erfolgt.

4. Halten Sie kurz die Spannung, wenn die Beine oben sind.

5. Exhale, während Sie Ihre Beine wieder senken, jedoch ohne diese auf dem Boden abzulegen. Die Bewegung sollte langsam und kontrolliert sein, um ein Durchhängen

des Rückens zu verhindern und den Druck auf die Bauchmuskeln aufrechtzuerhalten.

6. Wiederholen Sie die Übung für die vorgeschriebene Anzahl von Sätzen und Wiederholungen.

Häufige Fehler:

- Das zu weite Absenken der Beine kann dazu führen, dass der untere Rücken vom Boden abhebt und einen Hohlkreuz bildet, was zu Rückenschmerzen führen kann.

Erweiterte Varianten:

- Beinheben mit gewinkelten Beinen (Bent Leg Raises)
- Beinheben an einer Klimmzugstange (Hanging Leg Raises)
- Beinheben mit Ball oder Gewicht zwischen den Füssen
- Kreuzende Beinheben (Scissor Kicks)

Das Beinheben im Liegen ist eine grossartige Übung für die untere Bauchmuskulatur, aber es erfordert Konzentration auf die Technik und die Aufrechterhaltung der Kernspannung durch die gesamte Übung.

YOGA-ÜBUNGEN ZUM THEMA STRETCHING UND DEHNEN

Yoga ist eine jahrtausendealte Praxis, die Körper, Geist und Seele in Harmonie bringt. Ein Schwerpunkt des Yoga ist das Dehnen und Strecken, um Flexibilität, Balance und das allgemeine Wohlbefinden zu verbessern. Im Folgenden stellen wir einige grundlegende Yoga-Übungen vor, die sich auf Stretching und Dehnen konzentrieren: Cat-Cow, Child's Pose, Cobra Stretch und Gentle Yoga Sun Salutations.

CAT-COW POSE (BITILASANA UND MARJARYASANA)

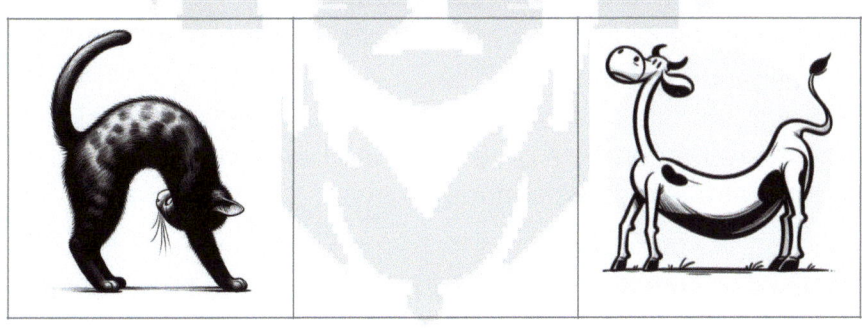

1. Ausgangsposition:
   Beginnen Sie in der Tischposition auf Händen und Knien.
   Die Hände sind schulterbreit auseinander, die Knie
   hüftbreit.

2. Cat Pose (Marjaryasana):
   Beim Ausatmen runden Sie den Rücken, ziehen das Kinn
   zur Brust und ziehen den Bauchnabel zur Wirbelsäule. Ihre
   Wirbelsäule sollte sich nach oben wölben wie eine Katze.

3. Cow Pose (Bitilasana):
   Beim Einatmen senken Sie den Bauch Richtung Boden,
   heben das Kinn und die Brust und schauen nach oben.
   Ihre Wirbelsäule sollte sich in einem sanften Bogen nach
   unten wölben wie eine Kuh.

Wiederholungen:
Wechseln Sie zwischen Cat und Cow Pose für 5-10
Atemzüge, um die Wirbelsäule und die Bauchmuskeln zu
dehnen und zu mobilisieren.

Tipps:
Bewegen Sie sich langsam und bewusst durch die Posen, um
jede Dehnung voll zu genießen und Spannungen abzubauen.

CHILD'S POSE (BALASANA)

1. Ausgangsposition:
   Beginnen Sie in einer knienden Position, setzen Sie sich
   auf Ihre Fersen. Ihre großen Zehen berühren sich und die
   Knie sind leicht auseinander.

2. Position einnehmen:
   Beugen Sie den Oberkörper nach vorne und legen Sie Ihre

Stirn sanft auf die Matte. Die Arme können ausgestreckt vor Ihnen liegen oder entlang Ihres Körpers nach hinten.

3. Position halten:
   Atmen Sie tief ein und aus und halten Sie die Position für mindestens 30 Sekunden bis zu mehreren Minuten, je nachdem, wie bequem Sie sich fühlen.

Tipps:
Child's Pose ist eine wunderbare Pause zwischen anstrengenderen Asanas und hilft, den Geist zu beruhigen und die Hüften und den Rücken zu dehnen.

COBRA STRETCH (BHUJANGASANA)

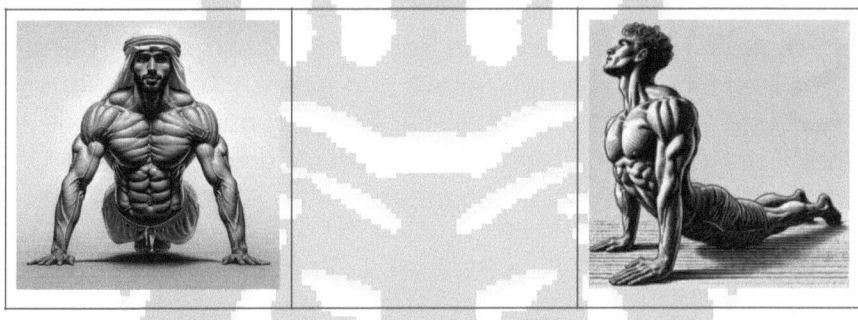

1. Ausgangsposition:
   Legen Sie sich mit dem Bauch auf die Matte, die Beine ausgestreckt und die Füße flach auf dem Boden. Die Hände sind unter den Schultern positioniert.

2. Position einnehmen:
   Beim Einatmen heben Sie langsam den Oberkörper an, indem Sie die Hände fest in den Boden drücken und die Arme strecken. Die Ellbogen sollten leicht gebeugt bleiben, und die Schultern werden nach unten und hinten gezogen.

3. Position halten:
   Halten Sie die Position für 15-30 Sekunden, atmen Sie dabei tief ein und aus, und senken Sie den Oberkörper beim Ausatmen langsam zurück auf den Boden.

Tipps:
Achten Sie darauf, dass Sie nicht den Nacken überstrecken und die Schultern nicht zu den Ohren ziehen, um Verspannungen zu vermeiden.

GENTLE YOGA SUN SALUTATIONS (SANFTE SONNENGEBETE)

Sun Salutations sind eine Reihe von Posen, die fließend ineinander übergehen und den ganzen Körper dehnen und stärken. Für eine sanfte Praxis können Sie einige modifizierte Sun Salutations durchführen, um den Tag zu beginnen oder sich zu entspannen.

Abfolge:

1. **Bergpose (Tadasana):** Stehen Sie aufrecht mit den Füßen zusammen, die Arme an den Seiten und atmen Sie tief ein.

2. **Hände-Richtung-Himmel (Urdhva Hastasana):** Beim Einatmen heben Sie die Arme über den Kopf und strecken sich nach oben.

3. **Vorwärtsbeuge (Uttanasana):** Beim Ausatmen beugen Sie sich aus der Hüfte nach vorne und lassen die Hände zu den Füßen sinken, die Knie leicht gebeugt.

4. **Halbe Vorwärtsbeuge (Ardha Uttanasana):** Beim Einatmen heben Sie den Oberkörper leicht an, sodass der

Rücken gerade ist und die Hände auf den Schienbeinen oder dem Boden ruhen.

5. **Schritt zurück in den Knieschritt:** Beim Ausatmen setzen Sie einen Fuß nach dem anderen zurück und landen in einer Knieschritt-Position, die Hände direkt unter den Schultern.

6. **Knie-Brust-Kinn (Ashtanga Namaskara):** Lassen Sie Ihre Knie, Brust und Kinn zum Boden sinken, während Sie den Po in die Luft heben.

7. **Kobra (Bhujangasana):** Beim Einatmen heben Sie den Oberkörper an, während die Hüften auf dem Boden bleiben.

8. **Herabschauender Hund (Adho Mukha Svanasana):** Beim Ausatmen drücken Sie sich in die Position des herabschauenden Hundes, indem Sie die Hüften anheben und die Fersen in Richtung Boden drücken.

9. **Schritt vorwärts:** Beim Einatmen setzen Sie einen Fuß nach dem anderen zwischen die Hände und kommen in eine halbe Vorwärtsbeuge (Ardha Uttanasana).

10. **Vorwärtsbeuge (Uttanasana):** Beim Ausatmen senken Sie den Oberkörper erneut in die Vorwärtsbeuge.

11. **Hände-Richtung-Himmel (Urdhva Hastasana):** Beim Einatmen heben Sie den Oberkörper und die Arme wieder nach oben.

12. **Bergpose (Tadasana):** Beim Ausatmen bringen Sie die Arme zurück an die Seiten und kehren in die Ausgangsposition zurück.

Tipps:
Führen Sie die Sun Salutations langsam und bewusst durch, achten Sie dabei auf Ihre Atmung und genießen Sie jede Dehnung in den Posen.

Fazit: Yoga-Übungen wie Cat-Cow, Child's Pose, Cobra Stretch und Gentle Yoga Sun Salutations bieten hervorragende Möglichkeiten, die Beweglichkeit zu verbessern und gleichzeitig Körper und Geist in Einklang zu bringen. Durch die regelmäßige Praxis dieser Dehnungsübungen können Sie Muskelverspannungen lösen, Flexibilität erhöhen und ein Gefühl von Ruhe und Entspannung fördern. Achten Sie stets auf eine korrekte Ausführung und passen Sie die Übungen an Ihr individuelles Fitnessniveau an, um optimal von der Praxis zu profitieren. Egal ob Anfänger oder erfahrener Yogi, diese Übungen bieten eine wertvolle Ergänzung zu Ihrem täglichen Trainings- und Entspannungsprogramm.

SQUATS

Kniebeugen, auch als Squats bekannt, sind eine der grundlegendsten und wirkungsvollsten Übungen für die untere Körperhälfte. Wenn sie korrekt ausgeführt werden, stärken sie die Beinmuskulatur, das Gesäss, die Hüften und den Rumpf. Darüber hinaus fördern sie die Gelenkbeweglichkeit und können die Funktion von Sehnen und Bändern verbessern. Wegen ihres hohen Werts für ein ganzheitliches Krafttraining sind Kniebeugen ein zentraler Bestandteil vieler Fitnessprogramme.

Anleitung zur korrekten Ausführung von Kniebeugen:

1. Haltung:
   Beginnen Sie in einer aufrechten Position mit den Füssen etwa schulterbreit auseinander. Die Zehen können leicht nach aussen zeigen. Richten Sie Ihren Blick geradeaus und halten Sie Ihr Kinn parallel zum Boden, um den Nacken neutral zu positionieren.

2. Bewegungsbeginn:
   Heben Sie die Arme vor sich, um das Gleichgewicht zu halten, oder falten Sie sie über der Brust. Alternativ können Sie die Hände hinter dem Kopf verschränken oder sie gerade am Körper entlangführen, je nachdem, was für Sie angenehm ist.

3. Absenkphase:
   Beginnen Sie, die Hüften zurückzuschieben, als würden Sie sich auf einen imaginären Stuhl setzen. Beugen Sie die Knie und senken Sie Ihren Körper langsam und kontrolliert ab. Achten Sie darauf, dass die Knie parallel zu den Füssen bleiben und nicht über die Zehen hinausragen.

4. Tiefe der Kniebeuge:
   Die ideale Tiefe einer Kniebeuge wird erreicht, wenn die Oberschenkel parallel zum Boden sind. Einige können tiefer gehen, was zu einer stärkeren Aktivierung der Gesässmuskulatur führt. Allerdings ist dies nur zu empfehlen, wenn Sie über eine gute Beweglichkeit verfügen und keine Schmerzen haben.

5. Aufwärtsbewegung:
   Drücken Sie fest durch die Fersen, um Ihren Körper wieder in die Ausgangsposition zu heben. Stellen Sie sicher, dass sich Ihr Rücken in einer neutralen Position befindet und nicht rund wird.

6. Wiederholungen:
Führen Sie Kniebeugen für die gewünschte Anzahl von Wiederholungen aus. Achten Sie stets darauf, die Bewegung mit voller Kontrolle und ohne Schwung durchzuführen.

Tipps für eine effektive Kniebeugenausführung:

- Halten Sie Ihren Rumpf straff und stabil, um den unteren Rücken zu schützen.

- Vermeiden Sie, dass sich die Knie nach innen oder aussen bewegen.

- Halten Sie die Füsse flach auf dem Boden und verlagern Sie das Gewicht auf die Ferse, um die richtigen Muskeln zu aktivieren.

Fehler, die es zu vermeiden gilt:

- Zu schnelles Absenken, was die Kontrolle über die Bewegung beeinträchtigt.

- Runden des Rückens, was zu Belastungen im unteren Rückenbereich führen kann.

- Überstrecken der Knie über die Zehen hinaus kann auf Dauer das Kniegelenk belasten.

Ob als Körpergewichtübung, mit Hanteln oder in einer Powerlifting-Routine, Kniebeugen sind vielseitig und bieten zahlreiche Vorteile für Kraft, Flexibilität und Gesamtbewegung.

QUADRICEPS STRETCH

GEZIELTE DEHNUNG FÜR DIE OBERSCHENKELMUSKULATUR

Der Quadriceps Stretch ist eine grundlegende Dehnübung, die darauf abzielt, die Mobilität und Flexibilität des Quadrizeps (Oberschenkelmuskulatur) zu verbessern. Diese Übung eignet sich hervorragend zur Vorbeugung und Linderung von Muskelverspannungen, zur Vermeidung von Verletzungen und zur Erhöhung der Beweglichkeit. Sie ist besonders nützlich nach körperlicher Aktivität wie Laufen, Radfahren oder Krafttraining, kann aber auch jederzeit zur Entspannung und Erholung eingesetzt werden.

Schritt-für-Schritt-Anleitung zur Ausführung des Quadriceps Stretch:

1. Ausgangsposition:

   - Stellen Sie sich aufrecht hin, die Füße etwa hüftbreit auseinander.

   - Finden Sie, falls nötig, eine stabile Unterstützung wie eine Wand, einen Stuhl oder eine Trainingspartnerin / einen Trainingspartner, um das Gleichgewicht zu halten.

2. Dehnung des Quadriceps:

- Beugen Sie Ihr rechtes Knie und ziehen Sie Ihre rechte Ferse Richtung Gesäß. Greifen Sie dabei den Fuß oder das Fußgelenk mit Ihrer rechten Hand.

- Halten Sie die Oberschenkel parallel und den Knie beieinander, um die Dehnung gezielt auf den Quadriceps zu konzentrieren.

- Spannen Sie Ihre Gesäßmuskulatur leicht an, um das Becken in einer neutralen Position zu halten und eine stärkere Dehnung im Quadriceps zu erreichen.

3. Position halten:

- Halten Sie die Dehnposition für 20-30 Sekunden.

- Versuchen Sie, den Oberkörper aufrecht zu halten und vermeiden Sie, sich nach vorne oder hinten zu lehnen.

4. Rückkehr zur Ausgangsposition:

- Lassen Sie den rechten Fuß langsam los und senken Sie ihn kontrolliert zurück in die Ausgangsposition.

- Wiederholen Sie die gleiche Dehnübung mit dem linken Bein, indem Sie das linke Knie beugen und die linke Ferse in Richtung Gesäß ziehen.

5. Wiederholungen:
Führen Sie die Dehnung für jedes Bein 2-3 Mal durch, um die Flexibilität und Entspannung der Muskulatur zu maximieren.

Tipps für die korrekte Ausführung:

- **Kontrollierte Bewegungen:** Achten Sie darauf, die Bewegung langsam und kontrolliert auszuführen, um das Risiko von Muskelzerrungen zu minimieren.

- **Körperhaltung:** Halten Sie den Oberkörper während der Dehnung aufrecht und vermeiden Sie es, die Hüfte nach vorne oder hinten zu kippen.

- **Balance:** Nutzen Sie eine stabile Unterstützung wie eine Wand oder einen Stuhl, wenn Sie Schwierigkeiten mit dem Gleichgewicht haben.

Häufige Fehler vermeiden:

- **Überdehnung:** Vermeiden Sie es, den Quadriceps zu stark zu dehnen. Die Dehnung sollte intensiv, aber angenehm sein und keine Schmerzen verursachen.

- **Unkontrollierte Rückkehr:** Lassen Sie den Fuß nicht abrupt los, sondern senken Sie ihn langsam und kontrolliert zurück in die Ausgangsposition.

- **Ungleiche Knieposition:** Achten Sie darauf, dass die Knie während der Dehnung nebeneinander bleiben. Ein zu weit auseinanderstehendes Knie kann die Dehnung verringern und das Gleichgewicht stören.

Varianten des Quadriceps Stretch:

1. **Seitenlage-Quadriceps-Stretch:**
   Legen Sie sich auf die Seite, beugen Sie das obere Knie und ziehen Sie die Ferse Richtung Gesäß. Diese Variante ist besonders hilfreich für Personen, die Schwierigkeiten haben, das Gleichgewicht im Stehen zu halten.

2. **Liegender Quadriceps Stretch:**
   Legen Sie sich auf den Bauch, beugen Sie ein Knie und greifen Sie den Fuß oder das Fußgelenk, um die Ferse in Richtung Gesäß zu ziehen. Diese Variante bietet eine stabile Position und ermöglicht eine intensivere Dehnung.

3. **Quadriceps Stretch mit Ausfallschritt:**
   Gehen Sie in einen Ausfallschritt, legen Sie das hintere
   Knie auf den Boden und ziehen Sie die Ferse des hinteren
   Beins Richtung Gesäß. Diese Variante kombiniert die
   Dehnung des Quadriceps mit der Hüftbeugerdehnung.

   Fazit: Der Quadriceps Stretch ist eine einfache, aber
   äußerst effektive Dehnübung, die die Flexibilität und Mobilität
   der Oberschenkelmuskulatur verbessert. Durch die
   regelmäßige Integration dieser Übung in Ihr
   Fitnessprogramm oder Ihren Alltag können Sie
   Muskelverspannungen reduzieren, Ihre Beweglichkeit
   erhöhen und die Regeneration nach körperlicher Aktivität
   fördern. Der Quadriceps Stretch bietet eine wertvolle
   Ergänzung zu Ihrem Repertoire an Dehnübungen und
   unterstützt Sie dabei, Ihre körperlichen Ziele zu erreichen.

TEILE DEINE ERFAHRUNGEN MIT UNS UND WERDE TEIL DER MMW COMMUNITY!

ÜBER DEN AUTOR

Autor: Alain Biankeu, Mighty Mind Warrior

Lassen Sie sich von diesem außergewöhnlichen Buch inspirieren.. Der Autor, bekannt für seine optimistische Lebenseinstellung, zeigt uns, wie man mit Zuversicht und Freude jeden Tag in vollen Zügen genießen kann. Erfolg kommt nicht von ungefähr, das weiß er nur zu gut. Mit dem Credo „Von nichts kommt nichts" und einer unerschütterlichen Entschlossenheit hat er bewiesen, wie man durch harte Arbeit und Beständigkeit seine Ziele erreichen kann.

Dieses Buch vermittelt wertvolle Prinzipien und Strategien für körperliches Training und Fitness, die jeder anwenden kann, unabhängig von den individuellen Ausgangsbedingungen. Es zeigt, dass es immer Raum für persönliches Wachstum und Verbesserung gibt, und ermutigt dazu, niemals aufzuhören, an sich zu arbeiten. Die Bodenständigkeit und die Wertschätzung für die kleinen Freuden des Lebens, die der Autor verkörpert, machen seine Erkenntnisse besonders zugänglich und motivierend.

Mit unermüdlichem Ehrgeiz und der Bereitschaft, ständig neue Herausforderungen anzunehmen, inspiriert der Autor dazu, Höchstleistungen im Training zu erzielen und die individuelle Fitness zu optimieren. Dieses Buch ist ein wertvoller Leitfaden für alle, die auf der Suche nach einem fitteren, gesünderen und ausgeglicheneren Leben sind.

Entdecken Sie, wie Sie durch positive Einstellung, harte Arbeit und unstillbaren Ehrgeiz Ihr volles körperliches Potenzial entfalten können. Lassen Sie sich von diesem Werk begeistern und finden Sie Ihre eigene Freude am Training und an einem fitten Lebensstil!